市民後見人養成講座

3 市民後見人の実務

第3版

公益社団法人 成年後見センター・リーガルサポート 編

発行 民事法研究会

第3版の発刊にあたって

公益社団法人成年後見センター・リーガルサポート　理事長　矢頭　範之

　平成28年4月に「成年後見制度の利用の促進に関する法律」が成立し、平成29年3月に、①利用者がメリットを実感できる制度・運用の改善、②権利擁護支援の地域連携ネットワークづくり、③不正防止の徹底と利用しやすさとの調和の3点をポイントとして掲げた5か年計画を期間とする「成年後見制度利用促進基本計画」が定められました。

　そして今般、5か年の中間年度である令和2年3月に「成年後見制度利用促進基本計画に係る中間検証報告書」がとりまとめられました。

　この中間検証報告書においては、「市民後見人の育成に取り組んでいる市区町村は、全体の約4分の1にとどまり、育成研修の修了者数に占める後見人等の受任者数の割合も1割程度にとどまるなど、市民後見人が十分に育成・活用できていない状況である」と指摘されています。

　特に、人口規模が小さい市町村において成年後見人等の担い手が少ないとされていることから、小規模市町村において市民後見人の養成・活用事業が可能となるよう、都道府県が広域市町村による取組みを進めることや法人後見の活用等の適切な支援を行う必要があります。

　また、厚生労働省が公表した「成年後見制度利用促進施策に係る取組状況調査結果（令和2年2月27日付）」によると、市民後見人の養成事業により市民後見人として登録された人数が平成31年4月1日現在で6999人であるのに対し、そのうちの成年後見人等の受任者数は1430人にすぎません。つまりせっかく養成されたにもかかわらず約8割の方が受任できていない状態です。

　よって今後は、より市民後見人が活用されるよう、更なる市町村と家庭裁判所との更なる連携と中核機関等の整備とその機能の充実を進めていくことが肝要です。

　自治体による市民後見人関連事業の嚆矢である東京都が「成年後見活用あんしん生活創造事業」を開始して15年を経ていますが、上記のとおり市民後見人の養成と活用についてはいまだ多くの課題を抱えています。

　このような中、今般刊行する第3版では、民法および介護保険法の改正を網羅するとともに、各地の成年後見制度利用促進の取組みを踏まえ、今後の市民後見人の養成と活用がさらに促進されることを念頭に置き編集いたしました。

　本書は、市民後見人の養成の場面で活用されるほか、市民後見人が本書を傍らに置き、担当する成年後見事務において立ち止まって確認していただくような利用方法を想定しています。

　熱意あふれる市民後見人の皆さまが、その特性を活かし、全国すべての地域で必要な見識と責任をもって活躍され、成年後見制度の利用者がメリットを実感できる制度運用の一翼を担っていただけるよう、また本書がその一助となれるよう祈念しております。　　　　　　　　　　　　　　　　　　　　〈令和2年5月〉

《編者》

公益社団法人成年後見センター・リーガルサポート

〈編集担当〉〔50音順〕

秋浦良子、荒早苗、稲岡秀之、稲田眞紀、井上広子、大貫正男、大貫結子、梶田美穂、木村一美、田中智子、中澤明、中野篤子、西川浩之、芳賀裕、本多絵美、松井秀樹、松内邦博、松本恵子、宮崎彩織、矢頭範之、山崎貴子、山﨑政俊、山竹葉子、吉田崇子、吉田剛、和田佳人

《第3巻執筆者一覧（50音順）》

稲岡　秀之（司法書士、リーガルサポート）

久保　隆明（司法書士、リーガルサポート）

杉山　春雄（司法書士、リーガルサポート）

田代　政和（司法書士、リーガルサポート）

多田　宏治（司法書士、リーガルサポート）

中西　正人（司法書士、リーガルサポート）

菱田　徳太郎（司法書士、リーガルサポート）

藤江　美保（司法書士、リーガルサポート）

藤谷　雅人（司法書士、リーガルサポート）

小林　祥之（法務省民事局民事第一課）

山﨑　政俊（司法書士、リーガルサポート）

山竹　葉子（司法書士、リーガルサポート）

第2章　成年後見の実務

第3章　後見終了時の実務 ････････････････････････ 153

第4章　課題演習（グループワーク）‥‥‥‥‥‥‥‥‥‥ 193

凡例

《法令》

後見登記法	後見登記等に関する法律
高齢者虐待防止法	高齢者虐待の防止、高齢者の養護者に対する支援等に関する法律
高齢者住まい法	高齢者の居住の安定確保に関する法律
個人情報保護法	個人情報の保護に関する法律
障害者虐待防止法	障害者虐待の防止、障害者の養護者に対する支援等に関する法律
障害者総合支援法	障害者の日常生活及び社会生活を総合的に支援するための法律
精神保健福祉法	精神保健及び精神障害者福祉に関する法律
成年後見制度利用促進法	成年後見制度の利用の促進に関する法律
特定商取引法	特定商取引に関する法律
任意後見契約法	任意後見契約に関する法律
マイナンバー法	行政手続における特定の個人を識別するための番号の利用等に関する法律

《団体》

リーガルサポート	公益社団法人成年後見センター・リーガルサポート

《その他》

後見人	成年後見人、保佐人、補助人の総称
被後見人	成年被後見人、被保佐人、被補助人の総称
監督人	成年後見監督人、保佐監督人、補助監督人、任意後見監督人の総称
成年後見支援センター（中核機関）	市民後見事業を実施する後見実施機関（第1巻参照）

第 章

就任時の実務

後見等開始の審判の流れ

●この節で学ぶこと●

　法定後見（成年後見・保佐・補助）を利用するには、家庭裁判所に後見等開始の審判の申立てをし、家庭裁判所が利用の必要性や後見人の適性を考慮し、後見等開始の審判・後見人選任の審判をすることになります。ここでは、後見等開始の審判の申立てがされた後に、どのような流れで審判がなされることになるのか、手続の流れを学びます。

1　後見等開始の審判申立て

　法定後見を利用するには、申立人が、家庭裁判所に、後見等開始の審判の申立てを行うことが必要です。

　申立ては、後見等が開始されるために必ず必要なものです。たとえば、家庭裁判所がみずから後見を開始する（職権開始）ということはありません。

　手続の流れの概要は図表3−1のとおりです。

(1)　申立人はどのような人か

　家庭裁判所に後見等開始の申立てをすることができる人（申立人）は、法律で次のように定められています（民法7条・11条・15条等）。

　①　本人、配偶者、4親等内の親族

　②　検察官

図表3−1　後見開始の審判の手続の流れ

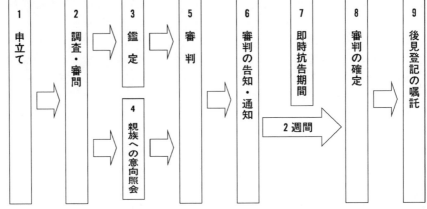

③　未成年後見人、未成年後見監督人

④　後見人、後見監督人、保佐人、保佐監督人、補助人、補助監督人

⑤　任意後見受任者、任意後見人、任意後見監督人（任意後見契約法10条）

⑥　市町村長（本人の福祉を図るため特に必要がある場合で、特別区の区長を含みます。老人福祉法32条、知的障害者福祉法28条、精神保健福祉法51条の11の2）

①～⑥以外の人は、どんなに本人と親しくても、申立人になることはできません。たとえば、内縁の夫や妻、友人、民生委員等は、申立人になることはできません。

(2)　申し立てる先の裁判所はどこか

申立てをすることのできる裁判所も、法律で定められています（家事事件手続法117条等）。

本人の住所地を管轄する家庭裁判所に申立てをすることになります。

原則は、本人が住民登録をしている場所を管轄する家庭裁判所になりますが、住民登録地以外の場所が生活の本拠になっている場合には、その場所を管轄する家庭裁判所に申し立てることができることもあります。

(3)　申立てをするときに必要な書類や申立てにかかる費用

申立てをするときには、申立書およびその添付書類を、本人の住所地を管轄する家庭裁判所に提出します。そのときに、申立手数料も納めます。

家庭裁判所によって、書式や添付書類、申立手数料等が異なる場合がありますので、事前に確認しておきましょう。

なお、業として申立書類を作成することができるのは、司法書士と弁護士だけです。「業として」というのは、報酬を得て行う場合や、報酬を得ていなくても、一度でも反復・継続の意思をもって他人の申立書類の作成に関与することを意味します。司法書士・弁護士以外の人が業として申立書類の作成をすれば、司法書士法の規定により処罰されることになります。

(A)　申立書およびその添付書類

申し立てる際には、以下のような書類（マイナンバーの記載のないもの）が必要になります（詳しくは、管轄の家庭裁判所に確認してください）。

①　申立書

②　申立事情説明書（本人事情説明書）

③　親族関係図

④　本人についての資料

　ⓐ　診断書

   ⓑ　診断書の附票

   ⓒ　本人情報シート（図表3－2）

   ⓓ　戸籍謄本

   ⓔ　住民票

   ⓕ　登記されていないことの証明書

   ⓖ　財産目録およびその資料

   ⓗ　収支状況報告書およびその資料

⑤　後見人候補者についての資料

   ⓐ　住民票

   ⓑ　後見人等候補者事情説明書

   ⓒ　欠格事由に該当しない旨の陳述書

⑥　親族の同意書

　なお、保佐開始や補助開始の申立てをする場合に、代理権の付与も同時に求める場合には、代理行為目録が必要になります（図表3－3）。また、補助開始の申立てをする場合で、同意権の付与も同時に求める場合には、同意行為目録が必要になります（図表3－4）。

（B）　申立てにかかる費用

　申立てにかかる費用は、おおむね以下のとおりです（詳しくは申立てをする家庭裁判所に確認してください）。

①　収入印紙　3400円分（申立書貼付800円＋登記手数料2600円）

②　郵便切手　約4000円～5000円分（内訳も家庭裁判所によって指定されています）

③　鑑定費用　約5万～10万円

(4)　申立て後に取下げはできるのか

　申立て後に取下げをするには、家庭裁判所の許可が必要となります（家事事件手続法121条）。本人の保護が必要で、後見等開始の審判をすべきであるにもかかわらず、取下げによって終了してしまうことが相当でない場合があるからです。

図表３－２　本人情報シート

本人情報シート（成年後見制度用）

※　この書面は，本人の判断能力等に関して医師が診断を行う際の補助資料として活用するとともに，家庭裁判所における審理のために提出していただくことを想定しています。
※　この書面は，本人を支える福祉関係者の方によって作成されることを想定しています。
※　本人情報シートの内容についてさらに確認したい点がある場合には，医師や家庭裁判所から問合せがされることもあります。

作成日 ＿＿＿＿ 年 ＿＿ 月 ＿＿ 日

本人	作成者
氏　　名：＿＿＿＿＿＿＿＿＿	氏　　名：＿＿＿＿＿＿＿＿ 印
生年月日：＿＿ 年 ＿＿ 月 ＿＿ 日	職業（資格）：＿＿＿＿＿＿＿
	連　絡　先：＿＿＿＿＿＿＿＿
	本人との関係：＿＿＿＿＿＿＿

１　本人の生活場所について
　　□　自宅　（自宅での福祉サービスの利用　□　あり　□　なし）

　　□　施設・病院

　　　　→　施設・病院の名称　＿＿＿＿＿＿＿＿＿＿＿＿＿＿＿

　　　　　　住所　＿＿＿＿＿＿＿＿＿＿＿＿＿＿＿＿＿＿＿＿＿

２　福祉に関する認定の有無等について
　　□　介護認定　（認定日：　　　　年　　　　月）
　　　　□　要支援（１・２）　□　要介護（１・２・３・４・５）
　　　　□　非該当
　　□　障害支援区分（認定日：　　　　年　　　　月）
　　　　□　区分（１・２・３・４・５・６）　　□　非該当
　　□　療育手帳・愛の手帳など　　（手帳の名称　　　　　　　）（判定　　　　　　）
　　□　精神障害者保健福祉手帳　　（１・２・３　級）

３　本人の日常・社会生活の状況について
（1）身体機能・生活機能について
　　　□　支援の必要はない　　　□　一部について支援が必要　　　□　全面的に支援が必要
　　　（今後，支援等に関する体制の変更や追加的対応が必要な場合は，その内容等）

（2）認知機能について
　　　日によって変動することがあるか：□　あり　□　なし
　　　（※　ありの場合は，良い状態を念頭に以下のアからエまでチェックしてください。
　　　　　エの項目は裏面にあります。）
　　ア　日常的な行為に関する意思の伝達について
　　　　□　意思を他者に伝達できる　　□　伝達できない場合がある
　　　　□　ほとんど伝達できない　　　□　できない
　　イ　日常的な行為に関する理解について
　　　　□　理解できる　　　　　　　　□　理解できない場合がある
　　　　□　ほとんど理解できない　　　□　理解できない
　　ウ　日常的な行為に関する短期的な記憶について
　　　　□　記憶できる　　　　　　　　□　記憶していない場合がある
　　　　□　ほとんど記憶できない　　　□　記憶できない

1/2

第１章

エ　本人が家族等を認識できているかについて
- □　正しく認識している
- □　認識できていないところがある
- □　ほとんど認識できていない
- □　認識できていない

(3) 日常・社会生活上支障となる精神・行動障害について
- □　支障となる行動はない
- □　支障となる行動はほとんどない
- □　支障となる行動がときどきある
- □　支障となる行動がある

（精神・行動障害に関して支援を必要とする場面があれば，その内容，頻度等）

(4) 社会・地域との交流頻度について
- □　週1回以上　　□　月1回以上　　□　月1回未満

(5) 日常の意思決定について
- □　できる　　□　特別な場合を除いてできる　　□　日常的に困難　　□　できない

(6) 金銭の管理について
- □　本人が管理している　　□　親族又は第三者の支援を受けて本人が管理している
- □　親族又は第三者が管理している

（支援（管理）を受けている場合には，その内容・支援者（管理者）の氏名等）

4　本人にとって重要な意思決定が必要となる日常・社会生活上の課題
（※　課題については，現に生じているものに加え，今後生じ得る課題も記載してください。）

5　家庭裁判所に成年後見制度の利用について申立てをすることに関する本人の認識
- □　申立てをすることを説明しており，知っている。
- □　申立てをすることを説明したが，理解できていない。
- □　申立てをすることを説明しておらず，知らない。
- □　その他

（上記チェックボックスを選択した理由や背景事情等）

6　本人にとって望ましいと考えられる日常・社会生活上の課題への対応策
（※御意見があれば記載してください。）

2/2

図表3-3　代理行為目録（東京家庭裁判所のもの）

（別紙）

【保佐，補助用】

代 理 行 為 目 録

※　下記の行為のうち，必要な代理行為に限り，該当する部分の□にチェック又は必要な事項を記載してください（包括的な代理権の付与は認められません。）。

※　内容は，本人の同意を踏まえた上で，最終的に家庭裁判所が判断します。

1　財産管理関係

(1)　不動産関係

□　①　本人の不動産に関する〔□ 売却　□ 担保権設定　□ 賃貸　□ 警備　□＿＿＿＿＿〕
契約の締結，更新，変更及び解除

□　②　他人の不動産に関する〔□ 購入　□ 借地　□ 借家〕契約の締結，更新，変更及び
解除

□　③　住居等の〔□ 新築　□ 増改築　□ 修繕（樹木の伐採等を含む。）　□ 解体
□ ＿＿＿＿＿＿＿＿〕に関する請負契約の締結，変更及び解除

□　④　本人又は他人の不動産内に存する本人の動産の処分

□　⑤　＿＿＿＿＿＿＿＿＿＿＿＿＿＿＿＿＿＿＿＿＿＿＿＿＿＿＿＿＿＿＿＿＿＿＿

(2)　預貯金等金融関係

□　①　預貯金及び出資金に関する金融機関等との一切の取引（解約（脱退）及び新規口座
の開設を含む。）

※　一部の口座に限定した代理権の付与を求める場合には，③に記載してください。

□　②　預貯金及び出資金以外の本人と金融機関との取引
〔□ 貸金庫取引　□ 証券取引　□ 保護預かり取引　□ 為替取引　□ 信託取引
□ ＿＿＿＿＿＿＿＿〕

□　③　＿＿＿＿＿＿＿＿＿＿＿＿＿＿＿＿＿＿＿＿＿＿＿＿＿＿＿＿＿＿＿＿＿＿＿

(3)　保険に関する事項

□　①　保険契約の締結，変更及び解除

□　②　保険金及び賠償金の請求及び受領

(4)　その他

□　①　定期的な収入の受領及びこれに関する諸手続
〔□ 家賃，地代　□ 年金・障害手当その他の社会保障給付
□ 臨時給付金その他の公的給付　□ 配当金　□ ＿＿＿＿＿＿＿＿〕

□　②　定期的な支出及びこれに関する諸手続
〔□ 家賃，地代　□ 公共料金　□ 保険料　□ ローンの返済金　□ 管理費等
□ 公租公課　□ ＿＿＿＿＿＿＿＿〕

□　③　情報通信（携帯電話，インターネット等）に関する契約の締結，変更，解除及び費用
の支払

□　④　本人の負担している債務に関する弁済合意及び債務の弁済（そのための交渉を含む。）

□　⑤　本人が現に有する債権の回収（そのための交渉を含む。）

□　⑥　＿＿＿＿＿＿＿＿＿＿＿＿＿＿＿＿＿＿＿＿＿＿＿＿＿＿＿＿＿＿＿＿＿＿＿

（出典）東京家庭裁判所後見サイト

2　相続関係

※　審判手続，調停手続及び訴訟手続が必要な方は，4⑤又は⑥についても検討してください。

- □　①　相続の承認又は放棄
- □　②　贈与又は遺贈の受諾
- □　③　遺産分割又は単独相続に関する諸手続
- □　④　遺留分減殺請求又は遺留分侵害額請求に関する諸手続
- □　⑤　_____

3　身上監護関係

- □　①　介護契約その他の福祉サービス契約の締結，変更，解除及び費用の支払並びに還付金等の受領
- □　②　介護保険，要介護認定，障害支援区分認定，健康保険等の各申請（各種給付金及び還付金の申請を含む。）及びこれらの認定に関する不服申立て
- □　③　福祉関係施設への入所に関する契約（有料老人ホームの入居契約等を含む。）の締結・変更・解除及び費用の支払並びに還付金等の受領
- □　④　医療契約及び病院への入院に関する契約の締結，変更，解除及び費用の支払並びに還付金等の受領
- □　⑤　_____

4　その他

- □　①　税金の申告，納付，更正，還付及びこれらに関する諸手続
- □　②　登記・登録の申請
- □　③　個人番号（マイナンバー）に関する諸手続
- □　④　住民票の異動に関する手続
- □　⑤　家事審判手続，家事調停手続（家事事件手続法24条2項の特別委任事項を含む。），訴訟手続（民事訴訟法55条2項の特別委任事項を含む。），民事調停手続（非訟事件手続法23条2項の特別委任事項を含む。）及び破産手続（免責手続を含む。）
  - ※　保佐人又は補助人が上記各手続について手続代理人又は訴訟代理人となる資格を有する者であるときに限ります。
- □　⑥　⑤の各手続について，手続代理人又は訴訟代理人となる資格を有する者に委任をすること
- □　⑦　_____

5　関連手続

- □　①　以上の各事務の処理に必要な費用の支払
- □　②　以上の各事務に関連する一切の事項（戸籍謄抄本・住民票の交付請求，公的な届出，手続等を含む。）

図表3−4　同意行為目録（東京家庭裁判所のもの）

（別紙）

【補助用】

同 意 行 為 目 録
（民法13条1項各号所定の行為）

※　下記の行為（日用品の購入その他日常生活に関する行為を除く。）のうち，必要な同意行為に限り，該当する部分の□にチェックを付してください。

※　保佐の場合には，以下の1から10までに記載の事項については，一律に同意権・取消権が付与されますので，同意権付与の申立てをする場合であっても本目録の作成は不要です。

※　内容は，本人の同意を踏まえた上で，最終的に家庭裁判所が判断します。

1　**元本の領収又は利用（1号）**のうち，以下の行為
　　□　(1)　預貯金の払戻し
　　□　(2)　債務弁済の受領
　　□　(3)　金銭の利息付貸付け

2　**借財又は保証（2号）**のうち，以下の行為
　　□　(1)　金銭消費貸借契約の締結
　　　　※　貸付けについては1(3)又は3(7)を検討してください。
　　□　(2)　債務保証契約の締結

3　**不動産その他重要な財産に関する権利の得喪を目的とする行為（3号）**のうち，以下の行為
　　□　(1)　本人の所有の土地又は建物の売却
　　□　(2)　本人の所有の土地又は建物についての抵当権の設定
　　□　(3)　贈与又は寄附行為
　　□　(4)　商品取引又は証券取引
　　□　(5)　通信販売（インターネット取引を含む。）又は訪問販売による契約の締結
　　□　(6)　クレジット契約の締結
　　□　(7)　金銭の無利息貸付け
　　□　(8)　その他　※　具体的に記載してください。

　　_____

4　□　**訴訟行為（4号）**
　　※　相手方の提起した訴え又は上訴に対して応訴するには同意を要しません。

5　□　**贈与，和解又は仲裁合意（5号）**

（出典）東京家庭裁判所後見サイト

第1章

6　□　相続の承認若しくは放棄又は遺産分割（6号）

7　□　贈与の申込みの拒絶, 遺贈の放棄, 負担付贈与の申込みの承諾又は負担付遺贈の承認（7号）

8　□　新築, 改築, 増築又は大修繕（8号）

9　□　民法602条（短期賃貸借）に定める期間を超える賃貸借（9号）

10　□　前各号に掲げる行為を制限行為能力者（未成年者, 成年被後見人, 被保佐人及び民法17条1項の審判を受けた被補助人をいう。）の法定代理人としてすること（10号）
【令和2年4月1日施行】

11　□　その他　※　具体的に記載してください。
　　※　民法13条1項各号所定の行為の一部である必要があります。

＿＿＿＿＿＿＿＿＿＿＿＿＿＿＿＿＿＿＿＿＿＿＿＿＿＿＿＿＿

2

2 　申立ての後、調査・審問が行われる

⑴　事情を聞き取るための面接

　家庭裁判所に適正な申立てがされると、家庭裁判所調査官または参与員が、申立人および後見人候補者から、詳しい事情を聞き取ります。

　電話で申立ての事前予約をしておき、予約した日に家庭裁判所に出向いて申立てをするとともに、その日に面接も行ってもらえる家庭裁判所もありますので、確認が必要です。

⑵　調査官による本人調査

　成年後見制度の基本的な理念の１つに、自己決定の尊重があります。

　審判手続においても、その理念は活かされています。

　すなわち、家庭裁判所調査官が、本人から直接、申立ての内容等について意見を聞き取ることになります（本人調査）。

　また、本人以外の人から保佐開始の申立てがされた場合で代理権の付与を求める場合や、本人以外の人から補助開始の申立てがされた場合には、本人の同意が必要となりますので、本人調査の際に本人の同意を確認することも行われます。

⑶　裁判官による審問

　このような面接や調査のほか、必要があれば、裁判官が審問を開いて、直接、本人や後見人候補者等に事情や意見を聞く場合もあります。

3 　後見・保佐の場合には原則として鑑定が行われる

　鑑定とは、本人に判断能力がどの程度あるのかを医学的に判定することです。家庭裁判所から医師に対して直接、依頼する形で行われます（家事事件手続法119条・133条）。

　ただし、診断書の記載や申立人・親族からの情報により、鑑定をするまでもないと判断された場合には、省略されることもあります。

4 　親族への意見照会

　家庭裁判所は、審判をするにあたって、本人の親族に対し、申立ての概要や後見人候補者の氏名を伝え、親族の意見を照会する場合があります。照会に対する

第１章

回答を参考にして、審判がなされます。

　申立ての際に親族の賛成の意見書を提出しておくと、この照会が省略されて、審判がなされるまでの期間が短くなることもあります。

5　家庭裁判所による審判

　家庭裁判所は、このような調査や鑑定など必要な手続をした後、後見等を開始する審判または申立てを却下する審判をすることになります。

　開始の審判をする際には、あわせて、最も適任だと思われる人を後見人として選任します。このとき、必要に応じて、複数の後見人を選任する場合や、監督人を選任する場合もあります。

　保佐開始や補助開始の場合には、申立てがされている範囲で、代理権や同意権付与の審判もなされます。

6　審判の告知・通知

　後見等の開始の審判は、申立人や後見人に選任される人に告知されなければなりません。ただし、後述のとおり、この審判に対しては不服申立てをすることができますので、確定しなければその効力を生じないことになります（家事事件手続法74条・122条・123条等）。この告知は、「特別送達」という、送達の事実を証明する特殊な郵便によって行われます。

　また、後見等の開始の審判がなされたときには、裁判所書記官は、遅滞なく、本人に対して、その旨を通知しなければなりません（家事事件手続法122条等）。

　この審判書が届いたら、記載されている内容をよく確認しましょう。審判書に基づいて後見登記の嘱託（☞⑨）が行われることになりますから、記載されている内容に誤りがあれば、誤った内容のまま登記されてしまうことになります。誤りを確認した場合には、速やかに家庭裁判所に連絡してください。

7　不服申立て（即時抗告）

　後見等開始の審判の申立人になることのできる人が、家庭裁判所の審判に対して不服がある場合には、審判の告知を受けた日から2週間以内に、審判をした家庭裁判所に対して、不服申立て（即時抗告）を行うことができます（家事事件手

続法123条等）。不服申立てをするときには、抗告状を家庭裁判所に提出します（家事事件手続法87条等）。

　なお、不服申立てをすることができるのは、後見等の開始の審判または却下の審判に対してだけです。誰を後見人に選任するかという審判に対しては、不服を申し立てることはできません。

8　審判の確定

　審判書が申立人・後見人に送達されてから２週間以内に不服申立てがなされない場合および不服申立てがされても却下された場合には、後見等開始の審判の効力が確定します（審判の確定）。つまり、通常は、審判が告知されてから、２週間の即時抗告期間を経過することによって、審判が確定することになります。

9　家庭裁判所による後見登記の嘱託

　審判が確定すると、裁判所書記官から東京法務局に対し、審判内容について後見登記の嘱託がなされます。

　この登記された内容を証する書面が、登記事項証明書です。登記事項証明書は、後見人の権限を証明する書面となります。

　登記が完了すると、「登記番号通知書」を送付する家庭裁判所もあります（送付しない家庭裁判所もあるようなので家庭裁判所に確認してください）。登記事項証明書を申請するときに、この登記番号を記入すれば、本人の生年月日、住所、本籍の記入を省略することができます。

　なお、以降の変更登記、終了登記は後見人からの申請によることになるので、注意が必要です。

第1章

Ⅱ　就任時にすべきこと

●この節で学ぶこと●

　後見人に選任されたら、後見人は、就任直後にすべき事務をした後、本人の財産を調査し、その結果に基づいて財産目録を作成し、それを踏まえて収支予定表を作成し、今後の後見事務の方針を立てることになります。この作業は、中核機関等に相談しながら、ときにはともに行うことになるでしょう。また、財産目録・収支予定表は、監督人または家庭裁判所へ提出することになります。

　Ⅱでは、まず、後見人の就任時の事務について理解を深め、後見事務を円滑にスタートするための能力を養います。

1　登記事項証明書の取得

(1)　登記事項証明書とは

　登記事項証明書とは、後見登記等ファイルに記録されている内容を証明する書類です。被後見人・後見人・監督人の住所や氏名、後見人の権限の範囲等を証明するものです。

　つまり、誰が誰の後見人であるのか、後見人にどのような権限があるのかを証明するものですから、金融機関と取引をするときや、施設と入所契約を結ぶときなど、後見活動をする際には欠かせない書類です。

(2)　登記事項証明書を取得する方法

(A)　登記事項証明申請書（成年後見登記用）を入手する方法

　登記事項証明書を取得するには、法務局に申請書を提出します。

　登記事項証明申請書（成年後見登記用）（図表3-5）は、東京法務局の後見登録課、全国の法務局、地方法務局の戸籍課などに備え置かれています。

　また、法務省や法務局のホームページからダウンロードすることもできます。

(B)　登記事項証明申請書（成年後見登記用）の提出先

　所定の事項を記入した申請書を、東京法務局の後見登録課または全国の法務局・地方法務局の戸籍課の窓口に提出します。

　郵送することもできます。ただし、郵送による申請書の受付をしているのは、東京法務局だけです。

図表3-5　登記事項証明申請書（成年後見登記用）

登 記 事 項 証 明 申 請 書

法務局　　御　中

（成年後見登記用）

年　　月　　日申請

□閉鎖登記事項証明書（閉鎖された登記事項の証明書を必要とする場合はこちらにチェックしてください。）

請求される方 （請求権者）	住　　所		収入印紙を 貼るところ
	（フリガナ）		収入印紙は割印 をしないでここに 貼ってください。
	氏　　名	㊞ 連絡先（電話番号　　　－　　　－　　　）	
請求される 方の資格	1 □ 本人（成年被後見人，被保佐人，被補助人，任意後見契約の本人，後見・保佐・補助命令の本人） 2 □ 成年後見人　　6 □ 成年後見監督人　7 □ 保佐監督人　8 □ 補助監督人 3 □ 保佐人　　　　9 □ 任意後見監督人　10 □ 本人の配偶者 4 □ 補助人　　　　11 □ 本人の四親等内の親族　12 □ 未成年後見人 5 □ 任意後見受任者　13 □ 未成年後見監督人　14 □ 職務代行者　15 □ 財産の管理者 　　（任意後見人）　16 □ 本人の相続人　17 □ 本人の相続人以外の承継人		印紙は申請書ご とに必要な通数分 を貼ってください。
代　理　人 （上記の方から 頼まれた方）	住　　所		
	（フリガナ）		**収入印紙は 1通につき 550円です**
	氏　　名	㊞ 連絡先（電話番号　　　－　　　－　　　）	（ただし，1通の枚 数が50枚を超え た場合は，超える 50枚ごとに100円 が加算されます）
添付書類 下記㊟参照	□ 戸籍謄本または抄本など本人との関係を証する書面 　（上欄中 10，11，12，13，16，17の方が申請するときに必要。発行から3か月以内の原本） □ 委任状（代理人が申請するときに必要） □ 法人の代表者の資格を証する書面 　（請求される方が法人であるとき，代理人が法人であるときに必要。いずれも発行から3か月以内の原本）		
後見登記等 の種別及び 請求の通数	□ 後見　□ 保佐　□ 補助　　　　　　（　　　　通） □ 任意後見契約　　　　　　　　　　　（　　　　通） □ 後見命令　□ 保佐命令　□ 補助命令（　　　　通）		
特別の請求	□ 氏名や住所等の変更履歴を必要とする場合はこちらにチェックして，必要な理由を記入してください。 理由：		

●登記記録を特定するための事項

本人の氏名 （成年被後見人等）	（フリガナ）		本人確認書類 □請求権者 □代理人
（登記番号がわかっている場合は，記入してください。）			□運転免許証 □健康保険証 □マイナンバーカード □住基カード □資格者証明書 　□弁護士 　□司法書士 　□行政書士 　□その他 □パスポート □（　　　　　　）
登記番号	第　　　　　－　　　　　　号		
（登記番号が不明の場合に記入してください。）			
本人の生年月日	明治・大正・昭和・平成・令和/西暦　　年　　月　　日生		
本人の住所 （登記上の住所）			
または本人の本籍 （国籍）			□封　筒

交付通数		交付枚数	手 数 料	交付方法	受			
50枚まで	51枚以上	（合計）			付	年	月	日
				□窓口交付 □郵送交付	交 付	年	月	日

記入方法等　1　二重線の枠内の該当事項の□に☑のようにチェックし，所要事項を記入してください。
　　　　　　2　「登記記録を特定するための事項」には，登記番号がわかっている場合は，本人の氏名と登記番号を，不明な場合は
　　　　　　　　本人の氏名・生年月日・住所または本籍（本人が外国人の場合には，国籍）を記載してください。
　　　　　　3　郵送請求の場合には，返信用封筒（あて名を書いて，切手を貼ったもの）を同封し下記のあて先に送付してください。
　　　　　　　　申請書送付先：〒102-8226　東京都千代田区九段南1-1-15　九段第2合同庁舎
　　　　　　　　　　　　　　　東京法務局民事行政部後見登録課

㊟　窓口請求の場合は，請求される方（代理請求の場合は代理人）の本人確認書類（運転免許証・健康保険証・マイナンバーカー
　　ド・パスポート等）を窓口で提示していただきますようお願いいたします。
　　郵送請求の場合は，申請書類とともに，上記本人確認書類のコピーを同封していただきますようお願いいたします。
　　申請書に添付した戸籍謄本等の還付（返却）を希望される場合は，還付のための手続が必要です。

図表3－6　登記事項証明書（成年後見監督人が選任されていない場合）

登 記 事 項 証 明 書

後 見

後見開始の裁判
　　【裁　判　所】〇〇家庭裁判所
　　【事件の表示】令和〇〇年（家）第〇〇〇〇〇号
　　【裁判の確定日】令和〇〇年〇〇月〇〇日
　　【登記年月日】令和〇〇年〇〇月〇〇日
　　【登記番号】第〇〇〇〇 - 〇〇〇〇〇号

成年被後見人
　　【氏　　　名】〇　〇　〇　〇
　　【生年月日】昭和〇〇年〇〇月〇〇日
　　【住　　　所】東京都〇〇区〇〇町〇丁目〇〇番〇〇号
　　【本　　　籍】〇〇県〇〇市〇〇町〇〇番地

成年後見人
　　【氏　　　名】〇　〇　〇　〇
　　【住　　　所】東京都〇〇区〇〇町〇丁目〇〇番〇〇号
　　【選任の裁判確定日】令和〇〇年〇〇月〇〇日
　　【登記年月日】令和〇〇年〇〇月〇〇日

上記のとおり後見登記等ファイルに記録されていることを証明する。

　　　　令和〇〇年〇〇月〇〇日

　　　　　　　　　　東京法務局　登記官　　〇　〇　〇　〇　　　印

　　　　　　〔証明書番号〕〇〇〇〇－〇〇〇〇　（　　1／　　1）

図表3-7　登記事項証明書（成年後見監督人が選任されている場合）

登 記 事 項 証 明 書

後 見

後見開始の裁判
　【裁　判　所】○○家庭裁判所
　【事件の表示】令和○○年（家）第○○○○○号
　【裁判の確定日】令和○○年○○月○○日
　【登記年月日】令和○○年○○月○○日
　【登記番号】第○○○○‐○○○○○号

成年被後見人
　【氏　　　名】○　○　○　○
　【生年月日】昭和○○年○○月○○日
　【住　　　所】東京都○○区○○町○丁目○○番○○号
　【本　　　籍】○○県○○市○○町○○番地

成年後見人
　【氏　　　名】○　○　○　○
　【住　　　所】東京都○○区○○町○丁目○○番○○号
　【選任の裁判確定日】令和○○年○○月○○日
　【登記年月日】令和○○年○○月○○日

成年後見監督人
　【氏　　　名】○　○　○　○
　【住　　　所】東京都○○区○○町○丁目○○番○○号
　【選任の裁判確定日】令和○○年○○月○○日
　【登記年月日】令和○○年○○月○○日

上記のとおり後見登記等ファイルに記録されていることを証明する。

　　　　令和○○年○○月○○日

　　　　　　　　　　　東京法務局　登記官　　○　○　○　○　　印

　　　　　　〔証明書番号〕○○○○－○○○○　（　　1／　　1）

　郵送で申請する際には、申請書のほかに、運転免許証など後見人の本人確認書類の写し、切手を貼った返信用の封筒を同封します。

（登記事項証明申請書（成年後見登記用）の郵送先）

〒102-8226　　東京都千代田区九段南１−１−15　九段第２合同庁舎４階
　　　　　　　東京法務局民事行政部後見登録課

2　本人に関する情報収集および本人の財産状況の調査

(1)　親族等からの情報収集、家庭裁判所での事件記録の閲覧・謄写請求

　申立てにかかわった親族や、市町村長申立ての担当者などから、事案に関する情報を提供してもらいます。

　家庭裁判所で、事件記録の閲覧や謄写を請求することもできます。

　確認すべき内容としては、たとえば、以下のようなものがあります。

①　本人の心身の状態、住所・居所、監護状況、本人の意向

②　本人の親族・利害関係人とその意向

③　本人の財産状態

④　申立ての動機・目的

(2)　本人や関係者からの情報収集

(A)　本人との面談

　審判が確定して後見人としての職務を開始することとなったら、まず、本人に面談して自己紹介し、後見人に選任された旨を伝えましょう。

　そして、後見人の職務について説明するとともに、本人の健康状態やどのような医療や看護、介護を必要としているか、本人が今の生活に満足しているか、どのような生活を望んでいるかといったことを把握するようにします。

　ただし、最初の面談では、まだ信頼関係ができていない場合がほとんどですから、関係者に同席してもらったほうがよいでしょう。また、矢継ぎ早に質問するようなことは避けたほうがよいでしょう。できるだけ時間をかけて、信頼関係を築いていくように心がけます。

(B)　関係者からの情報収集

　関係者から、これまでの経緯や成年後見制度利用に至った経緯等を聞き取ります。

　本人が在宅で生活しているのであれば、担当のケアマネジャーや介護サービス

事業者等の担当者から、本人についての情報を収集します。

　本人が入院中であったり、施設に入所していれば、担当医師、看護師、相談員、介護職員、
ケアマネジャー等から話を聞くことになります。

　関係者が多い場合には、個別に話を聞くよりも、会議を開いてもらうほうが効率的でしょう。

⑶　財産状況の調査

(A)　本人の財産の占有の確保

「占有」とは、物を事実上支配する状態のことをいいます。

　財産管理権をもつ後見人は、本人から本人の財産を受け取り、預かることになります。また、本人以外の人が本人の財産を管理している場合には、それらの財産の引渡しを受けて、後見人の管理下におく必要があります。

　引渡しを受ける際には、引渡しを受けた物品を列挙した書面を2部作成したうえで、1部を引渡しを受けた相手に渡し、もう1部を後見人が保管します（必要に応じ、立会人や中核機関等が保管することもあるでしょう）。

　本人の自宅を調査することも重要です。実際の事例でも、施設に入所している本人から預かった通帳には数十万円の預金しかなかったものの、自宅を調査したところ、タンスの下から高額の現金が出てきたということがありました。

　自宅の調査を行う場合は、可能であれば本人はもちろん、公正な第三者（監督人等）に立会いを求めましょう（監督人が選任されている場合には、監督人の立会いは必須です（☞(B)））。ただし、後見人が行うのはあくまでも調査であり、捜索ではありません。嫌がる本人の気持ちを無視して強引に自宅内に立ち入ったりすることはできません。時間をかけて、本人と信頼関係を築きながら、進めていくことになります。

(B)　監督人が選任されている場合

　財産の調査および財産目録を作成するにあたって、監督人が選任されているときは、監督人の立会いがなければ、その効力はありません（民法853条2項）。この場合の立会いとは、後見人による調査が適切に行われているか、財産目録が正確に作成されているかを、監督人が資料をもとに確認することを意味しています。したがって、すべての調査に同行したり、いっしょに財産目録を作成したりすることを求めているわけではありません（☞Ⅲ[1]⑷）。

　また、後見人が重要な法律行為（民法13条1項各号）をする場合で、監督人が選任されている場合には、監督人の同意を得なければなりません。ただし、同項

1号のうち元本の領収については、監督人の同意は不要とされています（民法864条）。

いずれの場合も、監督人と連絡を密にし、情報を共有して進めていく必要があります。

(C)　不動産の調査

登記済権利証や登記識別情報通知の記載を確認します。また、不動産の登記事項証明書を取得して所有者等を確認し、現地に赴いて、現況を確認します。固定資産税の納税通知書や固定資産の評価証明書も入手します（☞Ⅲ②(2)(C)(D)）。

(D)　預貯金の調査

預貯金については、後述のように、金融機関へ届出をする際に、あわせて調査を行います。

本人の財産は、通帳や証書があるものだけに限りません。本人との間でどのような取引があるのかということを金融機関に照会するところから始めましょう。これにより、申立ての際に財産目録に記載された内容と実際の財産とが、大きく異なっていることを発見することもあります。

(E)　債務の調査

不動産や預貯金のようなプラスの財産（積極財産）に限らず、借金などのようなマイナスの財産（消極財産）も調査する必要があります。

消極財産については、本人や家族等から聞き取ることができなくても、督促状や預金通帳の支払欄の記載によって確認することができます。不明な自動引落しについては、金融機関に照会し、相手を特定します。電話等で内容を聞き取るとともに、必要な書類は後見人あてに送ってもらうようにしましょう。

なお、本人あての郵便物から財産や負債が判明することがよくあることから、後述のとおり、家庭裁判所に成年被後見人にあてた郵便物等の配達の嘱託（回送嘱託）の申立てを行うことにより、成年被後見人あての郵便物を成年被後見人に転送してもらうことができます（民法860条の2）。

督促状などで債権者を確認することができた場合には、債権者に通知を出して、負債の内容や返済状況を確認します。悪質な業者にだまされて高額なクレジット契約をしている場合もありますから、どのように対応すればよいのか、迷ったり、わからなかったりする場合には、積極的に専門家に相談しましょう。問題を解決するために、専門家や中核機関等、家庭裁判所等に相談してアドバイスを受けることも、重要な後見活動の1つです。

3　本人に関係するさまざまな機関への届出

　後見人に就任した事実および今後の連絡先・文書の送付先を各機関に届け出ておくことで、後見活動をスムーズに行うことができるようになります。

　届出をする際には、登記事項証明書のほか、運転免許証などの後見人の本人確認書類が必要になります。金融機関等への届出では、これらに加えて、今後の取引で使用する銀行印が必要になりますし、後見人の印鑑登録証明書や後見人の実印を求める金融機関もありますので、確認してください。

　なお、登記事項証明書の原本は返してもらうことができますので、届出数と同数を用意する必要はありません。

(1)　行政機関への届出

(A)　公的医療保険にかかわる窓口への届出

　後期高齢者医療の被保険者証または国民健康保険の被保険者証およびこれらの保険料納付書や手続書類等を、後見人あてに送付してもらうように、市町村の窓口で、送付先の変更届けをします。

　本人が被保険者で、住民税の非課税世帯にあたるなどの場合は、限度額適用・標準負担額減額認定証の交付を受けることができます。入院時に、この認定証を医療機関に提示することで、食事代・居住費が減額されるほか、医療機関での窓口負担も一定額までとなります。もし、引継書類の中にこの認定証がなくても、発行要件を満たすかどうかを確認し、満たしていれば申請して発行してもらいましょう。

(B)　介護保険にかかわる窓口への届出

　介護保険の被保険者証および保険料納付書や手続書類等を、後見人あてに送付してもらうように、市町村の窓口で、送付先の変更届けをします。

　被保険者で、住民税非課税世帯の人または生活保護等を受給している人が介護保険負担限度額認定証の交付を受けていれば、介護保険施設やショートステイを利用したときの食費と部屋代の自己負担額が軽減されます。

　交付を受けるには、生活保護等を受給している人を除き、以下の要件を満たしている必要があります。

①　本人、本人が属する世帯の世帯員および配偶者が、市町村民税が非課税であること

②　本人および配偶者の預貯金等の資産の額の合計が2000万円以下（配偶者が

第1章

いない場合は、本人の預貯金等の資産が1000万円以下）

もし、引継書類の中にこの認定証がない場合には、これらの要件を満たすかどうかを確認し、満たしていれば申請して発行してもらいましょう。

(C)　障害福祉にかかわる窓口への届出

利用している福祉サービス等に関する手続書類等を、後見人あてに送付してもらうように、市町村の窓口で、送付先の変更届けをします。その際に、本人がどのような福祉サービスを受けられるのかについて相談してみましょう。

日本の福祉政策は申請主義を原則としています。申請主義とは、当事者の申請があるときに限り、手続を開始するという原則です。したがって、どのような福祉サービスも原則として申請しなければ利用できないということになっています。

福祉サービスについて、本人の利用資格の有無を確認するとともに、現実にサービスが受けられるように申請を行うことも、後見人の重要な仕事の1つです。

(D)　住民税にかかわる窓口への届出

住民税とは、住所地の自治体に納める2つの地方税（都道府県税および市区町村税）を合算したものをいいます。まず、住民税が非課税となる世帯かどうかを確認しましょう。そして、課税の対象となる場合には、代理人の届出等をして、納税通知書等が後見人あてに送付されるようにします。

(E)　固定資産税・都市計画税にかかわる窓口への届出

固定資産税と都市計画税は、毎年1月1日現在で、市町村の固定資産課税台帳（土地補充課税台帳、家屋補充課税台帳等）または登記記録（登記簿）等に、所有者として登録されている人に対して課税されます。

したがって、本人が土地や建物を所有している場合には課税されますので、代理人の届出等をして、納税通知書等が後見人あてに送付されるようにします。

(F)　公的年金にかかわる窓口への届出

国民年金、厚生年金に関する各種通知や手続関係書類が後見人に送付されるように届出をします。

郵送で提出する場合には、これらの書類を年金事務所から取り寄せ、所定の事項を記入した後、登記事項証明書の原本といっしょに送ります。

なお、共済年金は平成27年10月から厚生年金に統合されました。

(G)　恩給にかかわる窓口への届出

恩給とは、恩給法上の公務員が退職または死亡した場合に、本人やその遺族の生活を支えるために支給されるものです。預金通帳等で受給しているかどうかを確認し、受給している場合には届出をする必要があります。

　具体的には、「代理人設定・変更・終了届」を、登記事項証明書または審判書謄本の原本とともに、総務省政策統括官（恩給担当）に提出することになります。

　この「代理人設定・変更・終了届」は、総務省のホームページからダウンロードすることもできますし、電話（恩給相談専用電話：03-5273-1400）をして郵送してもらうこともできます。

〈代理人設定・変更・終了届の郵送先〉
〒162-8022　東京都新宿区若松町19－1　総務省第2庁舎1階　総務省政策統括官（恩給担当）

---

(2)　金融機関への届出

(A)　届出をするとどうなるか

　金融機関への届出は、スムーズな後見活動をするための環境づくりをするとともに、金融機関との取引を後見人が行うことを明らかにする目的があります。

(a)　成年後見の場合

　この届出により、成年後見人以外の人（本人を含みます）は取引できなくなります。

(b)　保佐の場合

　保佐人に金融機関との取引に関する代理権が付与されている場合には、この届出により、法律上、当然に本人が取引できなくなるわけではありませんが、実務上、保佐人以外の人（本人を含みます）は取引できなくなるとしている金融機関が多いのが現状です。

　保佐人に金融機関との取引に関する代理権の付与がないときには、保佐人からする届出は同意権者としての届出になります。この場合、本人は、保佐人の同意を得て、みずから取引をすることができます。

　どちらの場合も、できれば本人にも金融機関に同行してもらい、今後の取引がどのようになるのか理解してもらうことも大切です。

(c)　補助の場合

　補助人に金融機関との取引に関する代理権が付与されている場合には、この届出により、法律上、当然に本人が取引できなくなるわけではありませんが、実務上、補助人以外の人（本人を含みます）は取引できなくなるとしている金融機関が多いのが現状です。

　補助人に金融機関との取引に関する代理権の付与がないときで、同意権が付与されている場合には、補助人が行う届出は同意権者としての届出になります。この場合、本人は補助人の同意を得てみずから取引をすることができます。

　どちらの場合も、できれば本人にも金融機関に同行してもらい、今後の取引がどのようになるのか理解してもらうことも大切です。

　補助人に当該金融機関との取引に関する同意権および代理権が付与されていなければ、本人は補助人の関与なくしてみずから取引をすることができます。

(B)　預貯金

　金融機関への届出は、通帳に記載してある本店または支店（取扱店）に赴いてすることになりますが、他店でも手続ができる金融機関もあります。ゆうちょ銀行は、最寄りの郵便局の窓口で手続することができます。

　届出に必要な書類は、金融機関ごとに異なります。後見人が用意するものは、おおむね以下のとおりです。

　①　登記事項証明書

　②　運転免許証など後見人の本人確認書類

　③　今後の取引に使用する印鑑

　金融機関によっては、④後見人の印鑑登録証明書、⑤後見人の実印が必要なこともあります。

　届出がなされると、これまでの通帳をそのまま使えることもありますし、これまでの通帳に、「Ａ成年後見人Ｂ」（Ａ＝本人、Ｂ＝成年後見人）のように記載されることもあります。今後は、この通帳と、届け出た後見人の印鑑で取引をすることになります。

　後見人あてに各種の案内や手続関係書類を送付してもらうには、送付先の変更届が必要な場合もあります。

　また、後見人名義のキャッシュカードをつくっておくと、後見活動がスムーズになります。ただし、すべての金融機関でつくってくれるわけではないので、確認してください。

(C)　貸金庫

　開扉や利用にあたっては、預貯金と同じ手続が必要になります。

　開扉し、貸金庫に保管されているものを確認する場合には、監督人がいる場合には監督人に、いない場合は第三者に立ち会ってもらい、保管されていたものをリストにした確認証を作成しておきましょう。

(D)　株式等の有価証券

　届出の手続は、預貯金の場合と同様になります。

　株式等の場合、預貯金と違い、手許に通帳のようなものがない場合がほとんどですが、証券会社から本人あてに定期的に「取引残高報告書」や「運用報告書」

等が送られてくるので、確認のうえ、証券会社で手続をとり、今後は後見人あてに送付してもらうようにします。

取引明細や残高証明書を求め、財産目録作成のための資料を整えましょう。

(3)　保険会社への届出

本人が契約している生命保険会社、損害保険会社等にもそれぞれ後見人の就任の連絡をし、必要な手続関係書類を送ってもらい、手続をとっておきましょう。

(4)　個人年金・企業年金への届出

年金は公的年金に限りません。

本人が加入している個人年金や企業年金があれば、後見人就任の通知をし、必要な手続関係書類を送ってもらい、手続をとるようにしましょう。

(5)　入所・入院先、福祉サービス事業所への届出

本人が入所・入院している場合には、本人に面談する際に、関係者に後見人の就任のあいさつをするとともに、請求書・領収書の送付先変更届をしておきます。

本人が在宅で生活している場合には、担当のケアマネジャーや関係する福祉サービス事業所へ、後見人就任の挨拶をするとともに、請求書・領収書の送付先変更届をしておきます。

(6)　債権者への届出

本人に債務がある場合には、債権者に後見人就任の連絡をするとともに、請求書・領収書の送付先変更届をしておきます。

また、借地・借家の場合には、地主・家主や不動産管理会社等に対しても後見人就任の挨拶をするとともに、請求書・領収書の送付先変更届をしておきます。

4　関係者への就任のあいさつまたは通知

(1)　親族への連絡

必ずしもすべての親族に就任通知を出す必要はありませんが、今後、長い期間にわたって本人を支援する立場にあるので、協力をお願いしておきたいところです。

後見人には、医療行為の同意権限がありません（☞第2章Ⅳ4(4)）。そのため、手術や終末期医療については、親族に関与や協力を求める局面が出てきます。また、本人が亡くなった場合には、その時点で、後見人の地位も消滅します。従前、本人死亡後に遺体の引取り、葬儀、火葬などについて、後見人が猶予のない状況で対応を迫られることもありました（☞第3章ⅢⅣ）。しかし、後述のとおり、

成年被後見人が死亡した場合において必要があるときは、成年被後見人の相続人の意思に反することが明らかなときを除き、相続人が財産を管理できるに至るまで、家庭裁判所の許可を得て必要な行為を行うことができるようになりました。ただし、保佐人・補助人については、死後事務に関する権限は付与されていませんので、従前どおり、親族・相続人に積極的にかかわってもらえるよう、日頃から連絡を取り合っておくことが必要です。

　ただし、親族のさまざまな要求に引きずられ、本人の利益を害することになってはいけません。親族とは適度な距離を保ちつつ、入退院等の重要な局面で連絡を取り合うなどして、後見人の職務の範囲外のことについては協力を得られるような信頼関係を築いていくようにしましょう。

(2)　近所へのあいさつ

　本人が在宅で生活しているのであれば、隣近所の人に、後見人に就任したことの挨拶をしておきます。借家に住んでいる場合には家主や不動産管理会社等にも挨拶しておきましょう。本人に何かあったときには後見人に連絡をくれるように、連絡先もきちんと伝えておきましょう。

　近所の人は、本人の判断能力が十分ではないことから、在宅での生活を心配したり、不安に感じたりしていることがあるかもしれません。そのような場合には、成年後見制度の基本理念（在宅での生活を望んでいるという本人の意思の尊重、高齢者や障害者等を施設に隔離せず地域の一員として助け合いながら暮らしていくというノーマライゼーションの考え方など）について説明するとともに、具体的な支援の方法を伝え、理解や協力を求めていく必要があります。それには、本人を実際に支援するケアマネジャーや福祉関係者等も紹介し、顔の見える関係をつくり、安心していただくことも大切です。

　また、本人が入所・入院しており、自宅を空き家のまま管理しなければならない場合もあります。こういった場合にも、同様に就任の挨拶をし、後見人の定期的な確認作業では気が付かないことなどについて連絡をもらえるようにお願いしておきましょう。

(3)　地域包括支援センターとの連携

　地域包括支援センターは、市町村により設置された「地域住民の心身の健康の保持及び生活の安定のために必要な援助を行うことにより、その保健医療の向上及び福祉の増進を包括的に支援することを目的とする施設」です（介護保険法115条の46第1項）。

　要支援認定を受けた人の介護予防マネジメントを行う介護予防支援事業所でも

あるので、本人の認定区分が要支援であれば、かかわりをもってもらうように働きかけ、後見人の連絡先も伝えて連携を求めましょう。

　なお、要介護認定を受けている場合で、担当のケアマネジャーがすでにいる場合には、このケアマネジャーに直接連絡をとればよいのですが、担当のケアマネジャーがいない場合には地域包括支援センターに相談してみましょう。

⑷　民生委員へのあいさつ

　民生委員とは、「社会奉仕の精神をもつて、常に住民の立場に立つて相談に応じ、及び必要な援助を行い、もつて社会福祉の増進に努める」人のことです（民生委員法1条）。本人が在宅生活を送る場合には、後見人に就任したことの挨拶をし、連絡先も伝え、見守り等の協力を求めましょう。

5　郵便物の管理

　本人の自宅あてに届く郵便物から、思わぬところに財産があることが判明したり、債務があることが判明したりしますので、郵便物には十分に注意する必要があります。

　これまでに説明してきたように、関係機関には、送付先の変更届を出すことにより、転送ではなく、本人に関する通知等を後見人に直接送付してもらえるようになります。

　これとあわせて、本人が施設に入所しているような場合には、日本郵便株式会社に手続をすることによって、本人が実際に居住している場所への転送手続をとることもできます。

　しかし、後見人には、本人あての信書を開封する権限がないとされていることから、郵便物を後見人に転送するように手続をとることは認められていませんでした。

　このような状況の下、平成28年4月6日に「成年後見の事務の円滑化を図るための民法及び家事事件手続法の一部を改正する法律」が成立しました。家庭裁判所は、成年後見人がその事務を行うにあたって必要があると認めるときは、成年後見人の請求により、信書の送達をする事業者に対して、郵便物等を成年後見人に配達すべき旨を嘱託（郵便物等回送嘱託申立て）することができるようになりました（民法860条の2第1項、書式3−1）。嘱託の期間は6カ月までとされています（同条2項）。

　また、成年後見人が、成年被後見人にあてた郵便物等を受け取ったときは、こ

書式３−１　成年被後見人にあてた郵便物等の回送嘱託申立書

受付印	**成年被後見人に宛てた郵便物等の回送嘱託申立書**
	（この欄に申立手数料として１件について８００円分の収入印紙を貼ってください。） （貼った印紙に押印しないでください。）

収入印紙	８００円
予納郵便切手	円

後 見 開 始 の 事 件 番 号	□ 平成 □ 令和	年（家　）第　　　　　号

東 京 家 庭 裁 判 所　　　御中 　　　　　□立川支部 令和　　　年　　月　　日	申 立 人 の 記 名 押 印	印

添 付 資 料	（審理のために必要な場合は，追加書類の提出をお願いすることがあります。） □住民票（開始以降に住所の変更があった場合のみ）　　□必要性に関する報告書 □財産管理後見人の同意書　□成年後見監督人の同意書　　□

申 立 人	住　　所 （事務所）	〒　　−　　　　　　　　　　　　　　　　電話　　　（　　　　） 　　　　　　　　　　　　　　　　　　　　　　　（　　　　　　方）
	郵便物等 の回送を 受ける場 所	（□上記の住所（事務所）と同じ） 〒　　−
	フリガナ 氏　　名	
成 年 被 後 見 人	本　　籍 （国　籍）	都 道 府 県
	住　　所	〒　　− 　　　　　　　　　　　　　　　　　　　　　　　（　　　　　　方）
	居　　所	〒　　− 　　　　　　　　　　　　　　　　　　　　　　　（　　　　　　方）
	フリガナ 氏　　名	

（注）　太枠の中だけ記入してください。

(1/3)

申　立　て　の　趣　旨
（該当する□にチェックしたもの）

□（郵便物の回送嘱託）日本郵便株式会社に対し，成年被後見人の（□住所，□居所）に宛てて差し出された成年被後見人宛ての郵便物を申立人（成年後見人）に配達すべき旨を嘱託するとの審判を求める。

□（信書便物の回送嘱託）＿＿＿＿＿＿＿＿＿＿＿＿に対し，成年被後見人の（□住所，□居所）に宛てて差し出された成年被後見人宛ての民間事業者による信書の送達に関する法律第2条第3項に規定する信書便物を申立人（成年後見人）に配達すべき旨を嘱託するとの審判を求める。

申　立　て　の　理　由

回送嘱託の必要性は，以下の□にチェックしたとおりである。

□1　成年後見人に選任されてから1年以内における初回申立て
　□(1)　成年被後見人は自宅に独居しているが，自ら郵便物等を管理することができず，かつ，後記4に具体的に述べるとおり，これを管理することができる親族から，成年後見人への郵便物等の引渡しについての協力を得られない。
　□(2)　成年被後見人は施設に入所中であるが，自ら郵便物等を管理することができず，かつ，後記4に具体的に述べるとおり，これを管理することができる施設から，成年後見人への郵便物等の引渡しについての協力を得られない。
　□(3)　成年被後見人は親族と同居しているが，自ら郵便物等を管理することができず，かつ，後記4に具体的に述べるとおり，これを管理することのできる同居の親族から，成年後見人への郵便物等の引渡しについての協力を得られない。
　□(4)　その他（具体的事情は，後記4に具体的に述べるとおりである。）

□2　成年後見人に選任されてから1年以上経過した後における初回申立て
　　これまでの財産・収支の管理及びその把握について生じていた支障に関する具体的事情は，後記4に具体的に述べるとおりである。

□3　再度の申立て
　　前回の回送期間内に財産・収支の状況を把握できなかった具体的事情は，後記4に具体的に述べるとおりである。

□4　具体的事情

回送嘱託を行う集配郵便局等　　別添のとおり

（注）　太わくの中だけ記入してください。
<申立ての理由の記載に関する注意事項>
○　成年後見人に選任されてから1年以内における初回申立ての場合は1の欄に，成年後見人に選任されてから1年以上経過した後の初回申立ての場合は2の欄に，再度の申立ての場合は3の欄にそれぞれチェックした上で，いずれも4の欄に具体的事情を記載してください（ただし，後見開始申立書等に具体的事情の記載がある場合は，その書面及び記載箇所を指摘して引用しても差し支えありません。）。
○　回送の嘱託は，回送元を管轄する集配郵便局等に書面を送付して行いますので，集配郵便局等の所在地及び名称を別添の書面（集配郵便局等1か所につき1用紙）に記載してください。

第1章

〒_____

所在地　_____

名　称　_____

※　回送嘱託を行う集配郵便局等の所在地及び名称を上記の枠内に記入してください。
　（１か所につき１用紙）

(3/3)

れを開いて見ることができることも明文化されました（民法860条の3第1項）。この場合、成年後見人は受け取った郵便物で後見事務に関しないものについては速やかに本人に渡さなければなりません（同条2項）、成年被後見人は、成年後見人に対し、成年後見人が受け取った郵便物等の閲覧を求めることができます（同条3項）。

　なお、これらの対象になるのは後見類型のみで、保佐や補助はその対象になりません。

6　日誌の作成

　いつ、どこで、誰と会い、どのような話をしたか、どの人に何を渡したか、受け取ったかなど、活動の内容を記録しましょう。

7　情報の整理と管理──情報管理ノートをつくって管理する

　必要な調査や届出、手続が終了したら、項目ごとに書類をファイルします。

　また、本人に関係する情報を1カ所にまとめておく情報管理ノートをつくることで、後見事務を行ううえでのミスを防ぐとともに、より質の高い後見活動ができるようになります。

　たとえば、以下の項目を情報管理ノートにまとめておくとよいでしょう。

(1)　覚書をしておく

　登記事項証明書の記載事項に加え、郵便番号や、入院・退院、入所・退所した日付等を記入しておきます。

(2)　あらゆる連絡先を記入する

　本人や後見人に関係するあらゆる連絡先を記入します。

　本人が施設に入所している場合には、関係する職員の名前を書いておくとよいでしょう。

(3)　重要書類を書き出しておく

　重要な書類を書き出しておきます。そして、それぞれについて、施設が保管しているものなのか、後見人が保管しているものなのかなどについてわかるようにします。

　また、それぞれの証書の有効期限も記入しておきます。

第１章

(4)　定例業務を書き出しておく

　家庭裁判所への最初の報告が終わって落ち着いてくると、定期的な訪問や支払いなどの繰り返しになってきます。毎月のいつ頃に何をしなければならないか、毎年何月に何をしなければならないかといったことの忘備をしておくと、事務の誤りを防ぐことになります。また、こういったことによって生じる余裕が、本人との面会時間や面会回数を増やすことにつながり、本人がより質の高い生活を送ることのできる後見活動が可能になります。

(5)　本人の情報を記入しておく

　生活歴や病歴、成年後見制度利用につながった経緯等を記入しておきます。

(6)　確認済みの事項や決まったことを記入しておく

　ここには、本人とのやりとりの中で、本人の希望や意向を確認したことや、ケア会議等で決まったこと、中核機関等に確認したことなどを記入しておきます。

　たとえば、本人から「自分が亡くなったら、亡き夫と娘のお骨といっしょに、納骨堂に納骨してほしい」と繰り返し聞いていたので、それをそのまま記入しておき、本人が亡くなったときに相続人に伝え、本人の希望どおりに納骨してもらったという事例もあります。

(7)　課題を書き出しておく

　ここには課題を箇条書きにしておきます。

　さらに、それぞれの課題を解決するには何をしなければならないかということも箇条書きにしていきます。たとえば、いつ、誰に相談するのか、ということです。

(8)　成年後見実務において心がけること

　以上のほか、研修で学んだ成年後見実務において心がけることなどを記して、繰り返し目に触れるようにし、折に触れて自身の後見業務を振り返ることも重要です。

　情報管理ノートの例を図表3－7に紹介しています。使いやすいノートを作成し、うまく活用して、後見活動に役立ててください。

　なお、このノートには個人情報が集中することになりますから、その管理については、十分に気を付ける必要があります。

（第1章ⅠⅡ　稲岡　秀之）

図表３-７　情報管理ノート（本人が施設に入所している場合の例）

No.０００１　本人氏名

1．覚書
　（1）裁判所　　　　　　　住所　　電話番号
　（2）自宅住所　　　　　　住所　　電話番号
　（3）本籍
　（4）生年月日　　　　　　昭和〇〇年〇〇月〇〇日
　（5）確定日　　　　　　　令和〇〇年〇〇月〇〇日
　（6）登記年月日　　　　　令和〇〇年〇〇月〇〇日
　（7）事件番号　　　　　　令和〇〇年（家）第〇〇〇〇号
　（8）後見監督人　　　　　住所　　電話番号
　（9）〇〇〇入所日　　　　令和〇〇年〇月〇日

2．連絡先
　（1）自宅　　　　　　　　住所　　電話番号
　（2）入所施設　　　　　　住所　　電話番号　　担当職員名
　（3）訪問介護サービス　　住所　　電話番号　　担当職員名
　（4）親族・キーマン　　　住所　　電話番号
　（5）〇〇〇〇（〇〇の家の借地の大家）　住所　　電話番号
　（6）庭木の剪定　植木屋　〇〇〇〇　　　　住所　　電話番号

3．重要書類
　（1）施設保管分
　　・後期高齢者医療被保険者証　　　　　　令和〇〇年〇〇月〇〇日まで
　　・後期高齢者医療限度額適用・標準負担額減額認定証　令和〇〇年〇〇月〇〇日まで
　　・介護保険被保険者証　要介護度〇　　　令和〇〇年〇〇月〇〇日まで
　　・訪問介護利用者負担額減額認定証　　　令和〇〇年〇〇月〇〇日まで
　　・介護保険負担限度額認定証　　　　　　令和〇〇年〇〇月〇〇日まで
　　・介護保険負担割合証　負担割合〇割　令和〇〇年〇〇月〇〇日まで
　　・身体障害者手帳　　　　　　　　　　　令和〇〇年〇〇月〇〇日まで
　（2）後見人保管分
　　・自宅の土地建物の登記権利証・実印
　　・〇〇〇銀行通帳　口座番号〇〇〇〇
　　・〇〇〇銀行通帳　口座番号〇〇〇〇
　　・郵便局通帳　口座番号〇〇〇〇
　　・認印
　　・自宅の鍵
　　・〇〇銀行のキャッシュカード
　　・〇〇〇銀行の貸金庫カード
　　・〇〇〇銀行定額預金証書
　　・〇〇〇保険証書

4．確認済み事項
　（1）納骨　　　〇〇〇〇の納骨堂に納骨して欲しい。夫も本人も娘も。
　（2）小遣い　入所施設担当者　少額を渡し、財布の中に入れるのを見届ける。

第1章

5．定例業務
　（1）入所施設
　　　　請求書受信
　　　　領収書受信
　　　　支払
　（2）訪問介護サービス
　　　　請求書受信
　　　　領収書受信
　　　　報告書受信
　（3）通帳・現金管理
　　　　〇〇〇銀行で、2通帳記帳
　　　　郵便貯金の通帳記帳
　　　　小口現金準備
　（4）入所施設へ面会
　　　　面会・運営推進会議・担当者会議
　　　　職員と　　報告　　領収書受け取り　　小口現金補充
　（5）報告
　　　　成年後見監督人へ報告　　　〇月　〇月　〇月　〇月
　　　　家庭裁判所への定期報告　　　〇月
　（6）自宅管理
　　　　自宅の郵便受けのチラシ類を処分する。
　　　　庭木の管理
　　　　わしがてです　の管理　　わ・・電話　　令和〇年〇月〇日解約
　　　　　　　　　　　　　　　　　し・・新聞　　令和〇年〇月〇日解約
　　　　　　　　　　　　　　　　　が・・ガス　　令和〇年〇月〇日解約
　　　　　　　　　　　　　　　　　て・・NHK　　令和〇年〇月〇日解約
　　　　　　　　　　　　　　　　　で・・電気　　不可（防犯のため夜間外灯点灯）
　　　　　　　　　　　　　　　　　す・・水道　　未了
　（7）〇月に1年分の地代を払う。
　　　　〇〇〇円
　　　　振込先
　　　　領収証を確認する。
　（8）確定申告

6．本人情報
　（1）生活歴
　（2）病歴
　（3）好きなもの

7．課題
　（1）
　　　……

8．成年後見実務において心がけること
　（1）本人による意思決定を支援しているか？
　（2）本人や関係者との間に適度な距離を置いているか？
　　　……

Ⅲ　財産目録の作成

●この節で学ぶこと●

　後見人は、就任後、財産の調査に着手してから原則として1カ月以内に財産目録を作成して家庭裁判所に提出します。Ⅲでは、財産目録を作成するために、後見人はどのような調査をすべきか、実際に財産目録をどのように作成するのかについて学びます。これらの作業は、成年後見支援センター（中核機関）と連携して行うとよいでしょう。

1　財産目録の作成に関する法律の規定

(1)　財産目録を作成する目的

　後見人は、その就任後、最初に、本人の財産の総額および財産の状態を明確にしておく必要があります。この作業を正確に行わなければ、後見人は、本人の財産をどのように管理すべきかを決定することができないし、本人のために毎年支出すべき金額を予定することもできません（民法861条参照）。そのために、後見人には、本人の財産の調査と財産目録の作成が課せられているのです（同法853条1項）。

　また、本人が親族と同居している場合には、親族間で財産が混同しないように本人と親族の財産を区別する必要があります。たとえば、夫婦の場合、妻の介護費用を夫の預金から支出していることはよくありますが、妻か夫に後見人がついた場合には、原則として、夫に関する支出は夫の財産から、妻に関する支出は妻の財産から支払うことになるので、まずは、それぞれの財産を区別することが必要になります。そのうえで、必要であれば扶養の義務等を考慮して支援をすることになります。

　この作業の結果、後見開始の直後に作成された本人の財産目録は、後日、本人の財産の増減を計算する際の基準となり、さらには、後見人に不正な行為があったかどうかの判定のための資料ともなります。このような観点からも、本人の財産の調査および財産目録の作成は重要だといえます。

(2)　財産目録は1カ月以内に作成する

　後見人は、就任後遅滞なく本人の財産の調査に着手し、1カ月以内にその調査

を終え、財産目録を作成しなければならないとされています（民法853条1項）。

　保佐人・補助人は、財産に関する代理権を当然に有しているものではないので、法律上、財産目録の作成が義務づけられているわけではありませんが、財産に関する代理権が付与されている場合には、実務上、後見人と同様に財産目録を作成することになります。

(3)　財産目録の作成期間は伸長することができる

　民法853条1項に定められているように、財産目録の作成は（後見人の就任の日からではなく）財産の調査に着手してから1カ月以内と定められていますが、通常は家庭裁判所から送付されてくる書類の中に、財産目録の提出期限が示されています。しかし、以下のような事情によりその期間では十分ではない場合があります。このような場合には、家庭裁判所に期間の伸長を申し立てることができます（財産目録作成期間伸長の申立て、同項ただし書）。

① 　財産が多い、または複雑。
② 　まだ把握できていない財産がある。
③ 　通帳等の財産の引渡しにつき、本人や親族の協力が得られない。
④ 　後見監督人が選任されており、その立会いに手間を要する。

　あるいは、提出期限において、その時点で把握できている限りの財産目録を調査中として作成提出し、調査が終了したところで、あらためて、財産目録を提出することも可能です。

(4)　後見監督人が選任されている場合には後見監督人立会いの下で行う

　後見監督人が選任されている場合には、財産の調査およびその目録の作成は、その立会いをもってしなければ、その効力を生じない（民法853条2項）とされています。

　実務では、まず後見人は後見監督人と連絡をとり、財産の調査および財産目録の作成に関する説明やアドバイスを受けます。そのうえで、後見人が作成した財産目録を、後見監督人がチェックするということが多いと思われます。

　いずれにしても、後見監督人と相談しながら手続を進めていくようにしましょう。

(5)　財産目録の作成が終了するまでは後見人の権限は限定される

　後見人は、財産目録の作成が終わるまでは、急迫の必要がある行為のみをすることができ、それ以外の行為をすることはできません（民法854条）。

　急迫の必要がある行為とは、財産目録作成前にこれを行わなければ、本人に回復しがたい財産上の不利益が生じるかもしれない行為のことです。たとえば、未

払いの家賃がある場合に契約を解除されないように滞納家賃を支払うとか、緊急を要する建物の修繕等です。

不動産の売却などは、急迫の必要がある行為とはいえないと思われることから、財産目録作成後に進めることになります。

(6)　財産目録を作成するための調査

財産目録を作成するために、まず申立書に添付されている財産目録を確認します。そして、そこに記載されている通帳や証書について、それらを管理している人から引渡しを受けます。

本人自身が管理している場合には本人から、親族が管理している場合にはその親族から、また、日常生活自立支援事業を利用している場合には社会福祉協議会から引渡しを受けることになります。通帳等の所在がわからないものもあるかもしれませんが、それらについては再発行の手続をします。

本人自身や親族が管理している通帳等については、引渡しを受けるのが難しいことがあります。このような場合には、成年後見支援センターなどの支援機関に相談し、その協力を得ながら、成年後見制度について、あらためてていねいに説明し、理解を求めるように努力することが必要ですが、それでも難しい場合には、家庭裁判所に協力を求めるとよいかもしれません。

次に、後見開始の審判申立て時に判明していなかった財産があるかどうかの調査が必要です。この調査は、以下のように行います（☞Ⅱ23も参照）。

①　自宅の調査

一人暮らしの本人の場合や、施設に入所していて自宅が空き家になっているような場合には、本人の自宅の調査が必要です。ただし、この場合には1人で行わずに公正な第三者などに立ち会ってもらうようにしましょう。

通帳や証書などの他、現金、登記済証（権利証）や登記識別情報通知書があるかもしれません。

②　金融機関との取引照会

申立て時、財産目録に記載のあった通帳等について金融機関へ届け出る際に、他の支店も含めての取引について照会します。

ゆうちょ銀行では、国債やかんぽ生命保険についても同時に確認します。

③　普通預金通帳の記載確認

普通預金の通帳の記載を確認します。一括記帳がなされている場合には、その期間の履歴をとってみることもよいでしょう。通帳の記載から、保険会社や互助会、証券会社やクレジット会社との取引等がわかる場合があります。

　また、新たに存在が判明した口座については、通帳の再発行だけでなく、過去1〜2年ほどの取引履歴を出してもらうのもよいかもしれません。

④　年金の振込口座確認

　年金を受け取れるはずなのに、判明している通帳の口座には振り込まれていない場合は、年金事務所で振込口座の確認をします。

⑤　金融機関や証券会社等からの郵便物・書類の確認

⑥　貸金庫の確認

　この場合にも公正な第三者などに立ち会ってもらうようにしましょう。

⑦　不動産の所在地番確認

　不動産については、固定資産税納税通知書で土地や建物の所在地番を確認します。納税通知書がみつからない場合には、市区町村で名寄帳の写しをとって確認します。

　そして、法務局でそれらの不動産の全部事項証明書を取得し、その所有者が本人自身になっているかどうか確認します。なかには、本人の亡くなった配偶者や親の名義のままで、相続登記が未了といった場合もあるので注意が必要です。

⑧　税金等納付

　税金等の滞納については、市区町村の徴収課等に連絡すれば滞納税額の一覧表がもらえます。

⑨　負債の確認

　未払金や借入金等は、金融機関やクレジット会社からの郵便物に注意をします。また、家賃や公共料金等の支払いについては、通帳の記載を確認します。残高不足で引落しができないままになっているかもしれません。特にライフライン（水道光熱費）の未払いには注意が必要です。未払いになっている期間によっては、突然にライフラインが止められてしまうおそれがあります。その他、住宅ローンなど高額の借入金については、不動産の全部事項証明書の抵当権設定の登記で確認できます。これらの負債が判明した場合には、債権者に連絡をしてその負債の内容を確認します。

　また、特に未払金については親族等が立て替えて支払っていることも多いので、親族等に、本人等に対する立替金等がないか確認することも必要です。

★用語解説★

●登記識別情報

　登記識別情報とは、従来の登記済証に代わって発行されるもので、アルファベットとアラビア数字（の符号）の組合せからなる12桁の符号です。不動産および登記名義人となった登記申請人ごとに定められます。

　登記識別情報は、登記名義人となった申請人のみに通知されます（これを「登記識別情報通知」といいます）。12桁の符号は、目隠しシールなどで伏せられた状態で交付されます。これは、登記識別情報は、次の登記の申請の際に本人確認手段の1つとして使用する重要なものであることから、他人に見られたりしないよう、厳重に管理するためのものです。ですから、符号は伏せられたままで保管するようにしてください。

　次の登記申請の際には、本人確認のため、この登記識別情報を法務局に提供することになります。なお、再発行や番号の変更はできませんのでご注意ください。

2　財産目録の作成

(1)　財産目録の用紙

　財産目録は、法律上様式が定められているわけではありませんが、現在は各家庭裁判所において用意された書式があります。ホームページからダウンロードできるようになっている家庭裁判所も多くなっていますが、後見人に就任した場合には財産目録等提出期限の指示とともに用紙が送付されてきます（書式3-2）。

(2)　財産目録への記載

　後見人に就任すると、家庭裁判所から、財産目録の用紙とともにその記載例が送られてきます。

　具体的には、以下のように記載します（作成例について書式3-3）。なお、以下の事項は東京家庭裁判所の書式によるものです。家庭裁判所によって書式が異なるので、詳しくは家庭裁判所から送付される説明書を確認してください。

　財産目録には、令和○年○月○日現在（○日のところは末日となっている場合もあります）という、報告基準日といわれるものがあります。この報告基準日は、家庭裁判所からの指示があることが多いと思いますが、そうでなければ確定日から財産目録提出期限までの間のいずれかの日を決めます。そして、財産目録にはその日における財産をすべて記載することになります。

(A)　預貯金・現金

　預金通帳は報告基準日以後に記帳し、口座ごとに報告基準日時点での残高と管

理者を記載します。

　本人の氏名と異なった名義で預金している場合もありますが、それについても財産に含めて記載します。その場合名義の変更等は、初回の報告後に行うことになります。

　現金は、自宅や銀行の貸金庫から出てきたような場合に記載します。

　前回との差額を記載する欄がありますが、初回の報告ではここは記載不要です。

　　(B)　株式、投資信託、公債、社債

　種類、銘柄等、数量、評価額を記載します。

　評価額は、証券会社等の残高報告書の金額を記載すればよいでしょう（基準日とは異なる場合には、△△日時点と添え書きしておきます）。

　　(C)　不動産（土地）

　登記事項証明書を見て、所在、地番、地目、地積を記載します。

　共有物件や相続未登記物件などは、欄外にメモ書きするか、裁判所によっては、共有物件は持分を備考欄に記入し、相続未登記物件は相続財産目録または備考欄にその旨を記載する方法もあります。

　　(D)　不動産（建物）

　全部事項証明書を見て、所在、家屋番号、種類、床面積を記載します。

　建物の場合、登記されていない建物（未登記建物）もありますが、これは固定資産税の納税通知書などを参考に記載します。

　共有物件や相続未登記物件などは、欄外にメモ書きするか、裁判所によっては、共有物件は持分を備考欄に記入し、相続未登記物件は相続財産目録または備考欄にその旨を記載する方法もあります。

　　(E)　保険契約（本人が契約者または受取人になっているもの）

　本人が契約者または受取人になっているものを記載します。保険金額は満期時の受取額等を記載すればよいでしょう。

　　(F)　その他の資産（貸金債権、手形、小切手など）

　資産と判断したものについて、内容がわかるように記載すればよいでしょう。

　　(G)　負　債

　借入金や未払金、親族の立替金、滞納税金等を記載します。月々の返済額がわかっている場合にはそれも記載します。

書式3−2　財産目録（東京家庭裁判所のもの）

開始事件 事件番号　　　　年（家）第　　　　号 【本人氏名：　　　　　　　　　　　】

財 産 目 録 （　　　　年　　月　　日現在）

　　　　　　　　　　　　年　　月　　日　　作成者氏名　　　　　　　　　　　　印

本人の財産の内容は以下のとおりです。

1　預貯金・現金

金融機関の名称	支店名	口座種別	口座番号	残高（円）	管理者
		支援信託			
		支援預金			
現　金					

合　計

前回との差額　　　　　　　　　　　　　（増・減）

（2から7までの各項目についての記載方法）
・**初回報告の場合**→すべて右の□をチェックし，別紙も作成してください。
・**定期報告の場合**→財産の内容に変化がない場合→左の□にチェックしてください。該当財産がない場合には，（　）内の□にもチェックしてください。
　　　　　　　　　　財産の内容に変化がある場合→右の□にチェックした上，前回までに報告したものも含め，該当する項目の現在の財産内容すべてを別紙にお書きください。

2　有価証券（株式，投資信託，国債，外貨預金など）
　□　前回報告から変わりありません(□該当財産なし)　　　□　前回報告から変わりました（別紙のとおり）

3　不動産（土地）
　□　前回報告から変わりありません(□該当財産なし)　　　□　前回報告から変わりました（別紙のとおり）

4　不動産（建物）
　□　前回報告から変わりありません(□該当財産なし)　　　□　前回報告から変わりました（別紙のとおり）

5　保険契約（本人が契約者又は受取人になっているもの）
　□　前回報告から変わりありません(□該当財産なし)　　　□　前回報告から変わりました（別紙のとおり）

6　その他の資産（貸金債権，出資金など）
　□　前回報告から変わりありません(□該当財産なし)　　　□　前回報告から変わりました（別紙のとおり）

7　負債（立替金など）
　□　前回報告から変わりありません(□該当 なし)　　　□　前回報告から変わりました（別紙のとおり）

31.1 版

第1章

（別紙）

2　有価証券（株式，投資信託，国債，外貨預金など）

種　類	銘柄等	数量（口数，株数，額面等）	評価額（円）
合　計			

3　不動産（土地）

所　在	地　番	地　目	地積（㎡）	備　考

4　不動産（建物）

所　在	家屋番号	種　類	床面積(㎡)	備　考

5　保険契約（本人が契約者又は受取人になっているもの）

保険会社の名称	保険の種類	証書番号	保険金額（受取額）（円）	受取人

6　その他の資産（貸金債権，出資金など）

種　類	債務者等	数量（債権額，額面等）

7　負債（立替金など）

債権者名（支払先）	負債の内容	残額（円）	返済月額・清算予定
合　計			

31.1 版

書式３−３　財産目録の作成例

開始事件 事件番号　　　　年（家）第　　　号　【本人氏名：　　　　　　　　　　　　】

財 産 目 録 （　　　　年　　月　　日現在）

年　　　月　　　日　　作成者氏名　　　　　　　　　　　　　　印

本人の財産の内容は以下のとおりです。

1　預貯金・現金

金融機関の名称	支店名	口座種別	口座番号	残高（円）	管理者
○○銀行	××支店	普通	2345678	1,434,900	後見人
ゆうちょ銀行		定期	1450-2365	13,000,000	後見人
●●銀行	■■支店	通常	8765432	300,000	後見人
	支援信託				
	支援預金				
現　金				31,169	後見人
合　計				14,766,069	
前回との差額					（増・減）

```
（2から7までの各項目についての記載方法）
・初回報告の場合→すべて右の□をチェックし，別紙も作成してください。
・定期報告の場合→財産の内容に変化がない場合→左の□にチェックしてください。該当財産がない場合には，（　）内の□
　　　　　　　　　　にもチェックしてください。
　　　　　　　財産の内容に変化がある場合→右の□にチェックした上，前回までに報告したものも含め，該当する
　　　　　　　　　　　　　　項目の現在の財産内容すべてを別紙にお書きください。
```

2　有価証券（株式，投資信託，国債，外貨預金など）

　　□　前回報告から変わりありません(□該当財産なし)　　　　　☑　前回報告から変わりました（別紙のとおり）

3　不動産（土地）

　　□　前回報告から変わりありません(□該当財産なし)　　　　　☑　前回報告から変わりました（別紙のとおり）

4　不動産（建物）

　　□　前回報告から変わりありません(□該当財産なし)　　　　　☑　前回報告から変わりました（別紙のとおり）

5　保険契約（本人が契約者又は受取人になっているもの）

　　□　前回報告から変わりありません(□該当財産なし)　　　　　☑　前回報告から変わりました（別紙のとおり）

6　その他の資産（貸金債権，出資金など）

　　□　前回報告から変わりありません(□該当財産なし)　　　　　☑　前回報告から変わりました（別紙のとおり）

7　負債（立替金など）

　　□　前回報告から変わりありません(□該当 なし)　　　　　　　☑　前回報告から変わりました（別紙のとおり）

31.1 版

第1章

（別紙）

2 有価証券（株式，投資信託，国債，外貨預金など）

種 類	銘柄等	数量（口数，株数，額面等）	評価額（円）
国債		5,000,000	5,000,000
株式	△△電力（株）	1,000	515,000
合 計			5,515,000

3 不動産（土地）

所 在	地 番	地 目	地積（㎡）	備 考
●●区●●町●丁目	○○○番2	宅地	123.24	
○○市	△△△番地	山林	288.00	共有持分1／2

4 不動産（建物）

所 在	家屋番号	種 類	床面積(㎡)	備 考
●●区●●町●丁目●●番地	●●番●の1	居宅	65.48	
●●区××丁目××番地	××番	居宅	70.33	敷地部分は借地権

5 保険契約（本人が契約者又は受取人になっているもの）

保険会社の名称	保険の種類	証書番号	保険金額（受取額）（円）	受取人
なし				

6 その他の資産（貸金債権，出資金など）

種 類	債務者等	数量（債権額，額面等）
なし		

7 負債（立替金など）

債権者名（支払先）	負債の内容	残額（円）	返済月額・清算予定
●●銀行××支店	社宅ローン	440,000	月々11万円ずつ
後見一郎（本人の長男）	立替金(28年3月～12月分施設費)	150,000	初回報告後全額清算予定
合 計		590,000	

31.1版

(3)　裏づけとなる資料を添付する

　財産目録に記載をしたら、それぞれの財産について裏づけとなる資料のコピーを添付します。添付する資料は以下のような書類です。

①　預貯金等　　必ず直前に記帳をします。申立て時から現在（報告時）までの取引履歴が記載されたすべてのページのコピーが必要です。どの通帳かわかるように、通帳の表紙と表紙裏の見開きのページもコピーします。通帳が数冊ある場合には、財産目録の記載順に通帳に番号を付けておくとよいでしょう。

②　株式・投資信託・公債・社債等　　証券会社等発行の最新の取引残高報告書等のコピー

③　不動産　　不動産の全部事項証明書

④　保険契約　　保険証券のコピー

⑤　負債　　金銭消費貸借契約書等、借入残高や返済時期がわかる書類のコピー

第1章

Ⅳ 収支予定表の作成

●この節で学ぶこと●

　後見人は、就任後、財産の調査に着手してから原則として1カ月以内に、財産目録とともに収支予定表を作成し、家庭裁判所に提出します。Ⅳでは、年間の収支予定表を作成する目的を理解し、その作成方法を具体的に学びます。

1　収支予定表の作成に関する法律の規定

(1)　収支予定表を作成する目的

　後見人は、後見人となった最初の段階で、本人の生活や療養看護および財産の管理のために毎年支出すべき金額を予定しなければならないと定められています（民法861条1項）。

　後見人の役割は、本人の意思を尊重し、かつ本人の心身の状態や生活状況に配慮して、本人の生活を支援していくことです。そのために、本人のやりたいことを実現したり、本人に必要な療養看護を受けられるようにするなど、その財産を適切に利用することも必要です。年間収支予定表を作成することにより、本人の療養看護や財産管理を計画的に行うことができ、不適切な支出を防止することにもつながります。また、財産目録とあわせて、本人の将来の生活設計を立てる資料ともなります。

　保佐人と補助人は、財産に関する代理権を当然に有しているわけではないので、財産目録と同様に、収支予定表を作成することが法律上義務づけられているわけではありません。ただし、財産管理に関する代理権を付与されている場合には、後見人と同様に収支予定表を作成することになります。

(2)　まず被後見人の生活を把握する

　収支予定表を作成するためには、まず、現在の本人の生活状況を把握することが必要です。

　本人や親族と面会して話を聞くほか、介護・障害福祉サービスの利用状況を確認し、ケアマネジャーなどの関係者からも情報を集めます（ケアマネジャーなどの本人を支援している人々との連携は、今後の後見事務に必要となります）。そして、本人の生活費や介護費用等がどれくらいかかっているのかを調査します。

基本的な生活費についても確認します。税金・家賃・公共料金等の支払状況は、通帳の記載からわかることも多いと思われます。

(3)　今後の支出の見通しを立てる

本人の現在の状況を確認したら、次に今後の生活について考えます。

現在の状態を維持できればよいのか、介護サービス等を増やす必要があるのか、また施設入所や入院することが必要なのか、などを検討します。そして、本人の希望も考慮しながら、将来の生活設計を考えていきます。

現状で年間の収支が黒字の場合は、当面の心配はありませんが、黒字であっても預貯金等の財産が少ない場合には、今後、介護や医療の支出が増加した場合にどのように対処するかということを考えておくことも必要になります。

現状で年間の収支が赤字の場合には、預貯金を取り崩していくことになりますが、介護や医療の費用の減免制度を利用するなど、支出を抑える方法について検討することが必要になるでしょう。

(4)　就任してから事情によって収支予定と違ってきた場合の対応

後見人が就任した当時は在宅で生活していたところ、特別養護老人ホームに入所することになった、ということはよくあります。このような場合、収支が当初の計画とは大きく変わります。後見人就任後の家庭裁判所への報告は変更後の収支予定表の提出を求められていないところが多いですが、初回報告用の書式を利用してあらためて作成するとよいでしょう。

なお、現在、後見人の定期報告として年間の収支報告書の提出を求められていない場合が多いと思われますが、定期報告の財産目録を作成するときに収支実績表も作成しておくとよいでしょう。その毎年の収支実績表があれば、状況の変化があったときの収支予定表が作成しやすくなると思います。

2　収支予定表の作成

(1)　収支予定表の用紙

収支予定表の用紙は、財産目録と同様に、法律で定められているわけではありませんが、現在は各家庭裁判所において用意された書式があります。ホームページからダウンロードできるようになっている家庭裁判所も多くなっていますが、後見人に就任した場合には、財産目録の用紙と一緒に送付されてきます（書式3－4）。

書式3－4　年間収支予定表（東京家庭裁判所のもの）

年（家）第　　　号

年間収支予定表

（**年　額**で書いて下さい）

1　本人の収入（年金額通知書、確定申告書を見ながら書いてください。）

種　　別	名称・支給者等	金　額（円）	入金先通帳・頻度等
年　金	厚生年金 国民年金		
合　計			

2　本人の支出（納税通知書，領収書等を見ながら書いてください。）

費　　目	支払先等	金　額（円）	月額・使用通帳等
生活費			
施設費			
住居費			
税金			
保険料			
その他			
合　計			

※収支が赤字となる場合は，対処方針等を記載して下さい。

※本人以外の第三者のための支出を予定している場合は，理由等を記載してください。

31.1版

(2)　収支予定表への記載

　財産目録と同様に、家庭裁判所からその記載例が送られてきますので、それを参考にして記載します。後見等の予算として年間の予定表を作成するものですが、臨時に見込まれる収入・支出があれば、特別の収支として記載しておきます。

　具体的には、以下のように記載します。

　なお、以下の事項は東京家庭裁判所の書式によるものです。家庭裁判所によって書式が異なるので、詳しくは家庭裁判所から送付される説明書を確認してください。

(A)　収　入

定期的な収入としては、以下のようなものが考えられます。

① 　年　金

　　年金振込通知書や通帳の記載で確認します。

② 　賃料（家賃・地代・駐車場代等）

　　賃貸借契約書があるか確認し、あればそれで確認します。ない場合には、不動産管理業者が管理していることもあるので、問い合わせて確認します。それらが不明でも、通帳の記載でわかることが多いと思われます。

③ 　親族から受け取る生活費

　　親や子、兄弟姉妹等の親族から生活費の援助を受けている場合があります。このような場合は、親族に確認します。なお、今後も援助を続けてもらえるか確認し、毎月一定の額を受け取れるようにしてもらうとよいでしょう。

④ 　生活保護費

　　保護開始決定通知書や保護変更決定通知書など市町村から発行される書類で、実際に支給される金額がわかります。

⑤ 　障害手当

　　心身障害者福祉手当、特別障害者手当、重度心身障害者手当、障害児福祉手当などは、多くの場合、年間数回に分けて振り込まれます。

⑥ 　各種還付金

　　医療や介護などの利用により、支払った額が一定の金額を超えた場合に還付されます。通帳の記載で還付金の存在が判明していれば、それも定期的な収入として記載します。

(B)　支　出

定期的な支出としては、主に以下のようなものが考えられます。

① 　生活費　　食費、日用品費、衣類代、電気・ガス・水道・電話代、NHK

書式3－5　収支予定表の作成例

年（家）第　　　号

年間収支予定表

（**年　額**で書いて下さい）

1　本人の収入（年金額通知書、確定申告書を見ながら書いてください。）

種　別	名称・支給者等	金　額（円）	入金先通帳・頻度等
年　金	厚生年金 国民年金（老齢基礎年金）	600,000	○○銀行××支店、2か月に1回
配当金（目録2の株式）	△△電力	450,000	○○銀行××支店、6月と12月
合　計		1,050,000	

2　本人の支出（納税通知書，領収書等を見ながら書いてください。）

費　目	支払先等	金　額（円）	月額・使用通帳等
生活費　食費など 別居中の親族の生活費	二男（大阪在住）	360,000 240,000	30,000／月　同居中の妻分含む 20,000／月
施設費		180,000	15,000／月　介護サービス利用料
住居費　住宅ローン	○○銀行××支店	440,000	平成＊＊.3に終了予定
税金	固定資産税	120,000	年4回支払い、○○銀行××支店
保険料	国民健康保険、介護保険	330,000	○○銀行××支店
その他　胃の手術費用	○○病院	500,000	平成＊＊.7頃入院、手術予定（臨時支出）
合　計		2,170,000	

※収支が赤字となる場合は，対処方針等を記載して下さい。
　定期預金の解約で対応予定

※本人以外の第三者のための支出を予定している場合は，理由等を記載してください。
　食費など、妻の分を含むとしているが、水道光熱費は妻が負担している。
　二男は、大学生であり大阪で単身生活しているため、本人が月2万円を援助している。但し、卒業まであと1年の予定

31.1版

受信料、新聞代、娯楽費、交際費（冠婚葬祭費含む）、美容院代、小遣い等があります。

②　施設費　　施設に入所している場合は施設費用を書きます。そうでない場合は、適宜入院費や療養費または介護費用などと項目名を変えて、内容（入院費、医療費、介護費用、介護用品など）等を記入すればよいでしょう。

③　住居費　　家賃、地代、住宅ローン、マンションの維持管理費等があります。

④　税　金　　住民税、所得税、固定資産税等があります。

⑤　保険料　　国民年金保険料、健康保険料、介護保険料、生命保険料、損害保険料等があります。

⒞　収支が赤字となる場合

収支が赤字となる場合には、対処方針を記載します。対処方針としては、不動産の売却、保険の給付や解約などの予定があれば、それを記載することになります。また、相続手続未了の財産がある場合なども記載します。

第1章

V　後見事務の方針

●この節で学ぶこと●

　後見人は、自らが作成した年間収支予定表をもとに、後見事務の方針を立てます。ここでは、ⅢⅣで作成した財産目録および収支予定表をもとに、後見事務の方針の立て方、立てるときに考慮すべき事柄について考えます。

1　後見事務の方針を立てる目的

　後見人の職務は、大別すると財産管理事務と身上保護事務に分けられます。そして、後見人は、本人の生活、療養看護および財産の管理に関する事務を行うにあたっては、本人の意思を尊重し、かつ、その心身の状態および生活の状況に配慮しなければならない（民法858条）とされています。

　年間収支予定表を作成するときにも述べましたが、後見人の仕事は本人の財産の維持管理が中心ではなく、本人のよりよい生活を実現するためにその財産を有意義に使うことだといえます。そして、本人が安定した生活を送るためには、財産目録と収支予定表から将来の本人の生活を考えて、後見事務の方針を決めておくことが必要です。

　後見事務の方針を決めるにあたって、中心に据えなければならないものは、本人の意思です。本人の状態によっては、本人自身から直接聞き取ることが難しい場合もありますが、そのような場合には、周囲の人々から本人のこれまでの生活歴を聞くなどして、本人に関する情報を集めることが必要でしょう。後見人1人だけでなく、周囲の支援者と連携することが求められています。

　また、本人の状態の変化によっては当初の方針を変更せざるを得ないこともあります。その場合は、臨機応変な対応が望まれます。

(1)　本人の生活について考慮する事柄

生活については、具体的に以下のようなことを考慮して方針を決めます。

①　今後の生活の拠点をどこにするか。

②　身の回りの世話をだれに託すか。

③　必要な医療や福祉サービスをどうするか。

④　趣味や社会参加などの生活の質を高めるための配慮をどうするか。

⑤　親族や知人等の関係者とどのようにかかわるか。

⑥　最期をどうするか。

⑵　本人の財産について考慮する事柄

財産管理については、具体的に以下のようなことを考慮して方針を決めます。

①　生活資金が不足することはないか。不足する場合はどのように対処するか。

②　収支の大きな変動が想定されるか。

収入に対して支出が多い場合は、たとえば以下のような対応が考えられます。

・短期的な対応　　減らすことのできる支出や各種減免手続を検討する。

・中期的な対応　　預金を取り崩す。

・長期的な対応　　預金を取り崩して残高が少なくなったときのことを考えて
　おく。蓄えがなくなるのは何年後か。不動産等処分する財産がある場合には、
　その処分時期を考える。最終的には生活保護の受給も考慮する。

　支出よりも収入が多く高額の預金があるような場合は、財産を維持するだけで
なく、本人のよりよい生活のために積極的な財産の活用を考えます。しかし、こ
の場合でも不要・不適切な利用にならないよう注意が必要です。

2　後見事務の方針の具体例

　財産目録（書式3-3）と収支予定表（書式3-5）を作成した後見太郎さんに
ついて、後見事務の方針を立ててみました。

⑴　本人の生活についての方針

　本人は住み慣れた在宅での妻との同居生活を続けることを希望しており、最期
も在宅での看取りを希望しています。現在は要介護2でデイサービスを利用して
いるのみですが、認知症が進んだ場合は、ヘルパー派遣を増やしたり、訪問看護
を利用したりするなどして在宅の生活を支援していく予定です。

⑵　本人の財産についての方針

　本人の収入は少ないので、水道光熱費や日用品等雑費は妻の年金から、食費は
本人からというように、夫婦2人の収入をあわせて基本的生活費を賄っています。

　年間収支予定表では、1年間の収支はマイナス112万円となっていますが、こ
れは今後の1年間に限ったことです。二男への支援の24万円はあと1年間の予定、
住宅ローンの44万円は財産目録に記載したとおり4回の支払いで完了します。胃
の手術費用の50万円とあわせて118万円の支出は2年目以降はありませんから、
年間収支は改善します。幸いに少なくない預金がありますから、当面預金を取り

崩して生活することになります。

　しかし、今後認知症の進行や病気等で、介護や医療のサービスの利用が増えていくことが想定されます。定期預金や有価証券の解約だけでなく、不動産の売却も検討することになります。

★**用語解説**★

●リバースモーゲージ

　持ち家と土地があっても現金収入が少ない高齢者が、その持ち家と土地を担保にして生活費を借り入れる制度です。高齢者は、借入金を分割で定期的に受け取ることができ（契約時に一括して受け取る、あるいは、貸付限度額内で必要なときに受け取る、というプランもあります）、借入後も住み慣れたわが家で暮らすことができるというメリットがあります。

　返済は、本人が亡くなった後、担保物件を売却することで元金と利息を一括返済することになり、残金がある場合は相続人に交付されます。相続人が元金と利息を一括返済すれば不動産を売却せずに済みます。

　自治体や民間の金融機関でも実施していますが、厚生労働省が創設し社会福祉協議会が実施する「不動産担保型生活資金貸付制度」という制度もあります。生活保護受給者についても、「要保護世帯向け不動産担保型生活資金貸付制度」があります。

　貸付条件や担保物件等に制限があるので、利用する場合は、事前に近くの社会福祉協議会に確認してください。

（第1章ⅢⅣⅤ　山竹　葉子）

成年後見の実務

I 成年後見実務の基本的視点

●この節で学ぶこと●

リーガルサポートでは、後見人としての執務姿勢について、「執務基準・執務基準ガイド」や「後見活動10のチェック」を作成し、これを実行することを推奨しています。専門職後見人も市民後見人も同じ「後見人」ですから、後見実務を行ううえでの基本的な姿勢は同じであるといえます。

そこで、ここでは、このうち「後見活動10のチェック」の内容を確認しながら、後見実務において心がけるべき基本的な姿勢を学習します。

1　成年後見実務において心がけること

後見人は、家庭裁判所の審判によって選任されます。そして、家庭裁判所の監督の下で活動を行うことになりますが、日常の一つひとつの活動について、逐一家庭裁判所に相談をしながら活動を進めていくことは、現実的には不可能です。後見人として活動していく中で、いろいろな場面において、後見人がみずから判断していくことになります。

特に、成年後見人は、本人の法定代理人として大きな権限をもつことになります。本人を支援していくためにはその大きな権限は利便性があり、本人のために迅速に行動することができます。しかし、その大きな権限は、本人の意思を必ずしも尊重しない「本人不在の後見活動」を可能にし、成年後見制度の基本理念である「自己決定の尊重」「現有能力の活用」「ノーマライゼーション」の考え方を逸脱することを可能にしてしまう、いわば「諸刃の剣」なのです。

本人に寄り添い、本人の意思決定を支援しながら、本来の成年後見制度の趣旨に合った活動を行うためには、後見人が行動するうえでの指針（倫理）が必要となります。

リーガルサポートでは、後見人としての基本的な執務姿勢として、「後見活動10のチェック」を作成し、これを実行することを推奨しています。

後見活動10のチェック

(1) 誰の権利を擁護するのか？

(2) 何をするための後見人か？

(3) 本人の意思を尊重しているか？

(4) 財産管理のみに気をとられていないか？

(5) 後見人としてできること、できないことを理解しているか？

(6) 本人や関係者との間に適度な距離を置いているか？

(7) ルーティンワークになっていないか？

(8) 外部から執務の公正に対する疑惑や不信を招く行為はしていないか？

(9) リーガルサポートへの相談や家庭裁判所、関係専門職等との連携を図っているか？

(10) 社会貢献への意欲と誇りを持っているか？

　司法書士・弁護士・社会福祉士などの専門職後見人も市民後見人も、同じ「後見人」です。後見人としての職務を行ううえで気を付けなければならないことは同じです。そこで、ここでは、「後見活動10のチェック」を参考にしながら、「成年後見実務において心がけること」を確認していくことにします。

2　後見人としての基本的な姿勢

(1)　誰の権利を擁護するのか？

　成年後見制度は「本人」のための制度であり、その目的は「本人の利益の擁護」「本人の最善の利益（ベスト・インタレスト）を追求すること」にあります。成年後見人は本人の法定代理人ですから、本人の利益のために行動することは当然のことです。しかし、成年後見制度を「本人のまわりを取り巻く関係者の利益のための制度」だと思い違いをしている人が少なからずいます。たとえば、親族が後見人となった場合で、次のような例が実際にあります。

・寝たきりの父の土地を売却して、後見人の自宅を建築する資金の一部にあてたい。

・相続税対策の一環として、認知症の父の名義で金融機関からお金を借りてアパートを建てたい。

・亡くなったときに相続手続が面倒にならないように、本人名義の預金口座をすべて解約し、相続人のうちの1人の名義の預金口座に入金してしまいたい。

・親族が借金の返済に困っているので、本人名義の預金口座からお金を引き出

第2章

して貸したい。

　成年後見制度が後見人や関係者のための制度ではなく、「本人」のための制度であることを、あらためて確認しておきましょう。

　後見人は、本人の生活状況や財産状況を総合的に考慮し、居所・施設の選定、医療・介護を含めた福祉サービスの契約、日常の財産管理・収支バランスの調整をしながら、最後のそのときまで本人が「よりよく生きる」ことができるように、最善を尽くすのです。

　本人の最善の利益を追求すると、場合によっては、本人の親族などと対立することがあるかもしれません。成年後見制度の趣旨、本人の生活・財産状況、後見人自身の考えを親族等に対して真摯に説明する必要はありますが、それでも意見が一致しなかったのであれば、親族等の意向に反することを後見人は行うことになります。それが本人の最善の利益のためになるということが大切なのです。

(2)　何をするための後見人か？

　後見人には、誰でも自由になれるわけではありません。成年後見人・保佐人・補助人であれば家庭裁判所の審判によって選任され、任意後見人であれば任意後見契約公正証書によって本人から委任を受けます。そして、後見人それぞれが担当する後見活動においてしなければならないことは異なります。

　複数の成年後見人が選任されている場合であれば、「財産管理のみ」「身上保護のみ」といった事務分掌が審判書に記載されることがあります。保佐人や補助人であれば、代理権・同意権の有無とその内容は事案ごとに異なります。また、任意後見人であれば、任意後見契約公正証書の内容によって何ができるのかが決定されます。

　仮に1つの後見事件において2名の成年後見人A・Bが選任され、Aは「財産管理のみを行う」、Bは「財産管理以外の身上保護のみを行う」という形で事務分掌がなされたとします。Bは、銀行の預金通帳を管理したり、本人所有のアパートを管理したりすることはできません。Aは、介護認定の更新申請や介護・福祉サービスの提供を受けるための契約をすることはできません。それは、そういった行為をするための権限がないからです。

　したがって、後見人に選任された際に、「何をするための後見人なのか」ということを、審判書等の内容をみて確認しておくことが必要です。

(3)　本人の意思を尊重しているか？

　繰り返しになりますが、後見人が支援する相手は本人です。認知症が進み、あるいは寝たきりであっても、本人はそこに生き続けているのです。成年後見制度

の理念の中に「現有能力の活用」があります。本人の判断能力が十分ではなく、後見人に代理権が与えられていたとしても、本人の有している能力を最大限に活かして自ら意思決定ができるように支援していくことは非常に重要です。後見人は、本人の能力を活用しながら、そして本人の意思を尊重しながら、本人にとっての「よりよい生活」を実現していかなければなりません。

　権利擁護活動をするうえで大切な概念にエンパワメントがあります。これは、「福祉サービスの利用者自身が、あるいはその家族が、単なるサービスの受け手ではなく、さまざまなサービス資源や支援を利用・活用して、問題を解決していく主体となるような支援や環境の調整をしていくこと」をいいます。

　成年後見制度を利用している本人は、みずからがさまざまなサービス資源や支援を利用・活用して問題を解決していくことは難しい状況にあります。後見人は、そのような本人の権利を擁護するために活動し、本人が地域の中で「よりよく生きる」ことを支援します。

　ただし、ここでいう「本人の意思の尊重」が、「本人の保護」あるいは「本人の権利擁護」と対立する局面もあります。たとえば、財産があまりないのに高額な寄付をする、アルコール依存症で治療をしているにもかかわらず飲酒をする、その他本人の身体または財産に重大な不利益が生じるおそれがある場合など、本人の意思を尊重するばかりでは本人の権利を適切に擁護することができないこともあります。後見人は、ときには、本人の権利を擁護する者として、「本人意思の尊重」と「本人の権利擁護」のバランスを考える必要があります。

(4)　財産管理のみに気をとられていないか？

　後見活動は大きく、「財産管理」と「身上保護」の2つに分かれます。不動産や預貯金などの財産は目に見えるものであり、増えた・減ったということを実感することができます。後見開始の申立てについても、預金の管理や遺産分割協議、保険金請求など、財産管理を行うためになされることが多くなっています。さらに、近年では、後見人が本人の財産を使い込む（業務上横領）事件が散見され、家庭裁判所も財産の使い込みの防止に向けて対処していることから、後見人も適正な財産管理をするために注力しがちです。

　しかし、その財産の使い道は、本人の生活全般にかかわる事柄についてです。民法858条は次のとおり規定し、後見人の身上配慮義務を定めています。

第2章

> 　成年後見人は、成年被後見人の生活、療養看護および財産の管理に関する事務を行うにあたっては、成年被後見人の意思を尊重し、かつ、その心身の状態および生活の状況に配慮しなければならない。

　つまり、「財産管理」「身上保護」のいずれの事務を行うについても、本人の生活状況や本人の意見に配慮する義務が課せられているのです。したがって、財産管理においても、お金の帳尻合わせだけをすればよいのではなく、本人の生活状況を把握し、本人がよりよく生きるためにはどのように財産を使っていけばよいのかと思案することが必要です。

　また、後見人が行う職務の中で、特にアドヴォカシー（代弁）が重要だといわれます。成年後見制度を利用する本人は、認知症が進行したり、寝たきりであったりと、みずからの意思を十分に伝えることができない状況にあります。そこで、後見人が本人と定期的に面談するなどして本人の生活状況を把握し、必要に応じて本人に代わって、施設などへ対応の改善を要求するなどの要求・主張をすること（アドヴォカシー）が大切なのです。これは、虐待の発見・防止につながることにもなります。

　後見人は、「財産管理」と「身上保護」の2つを両輪として、本人の権利擁護を実現させるのです。

⑸　後見人としてできること、できないことを理解しているか？

　後見人は、本人に代わって、契約を締結することや財産を管理することなどの「法律行為」のみをすることができます。「事実行為」や「身分行為」をすることは権限の範囲には含まれていません。

　施設から病院までの送迎、生活用品の買物、家の掃除、介護行為などはすべて「事実行為」であり、それらを行うことは、後見人の職務の範囲には含まれていません。本人がこれらの支援を必要としているのであれば、介護タクシーの契約をする、ホームヘルパー契約をする、介護サービス契約をするといったように、後見人がみずから行うのではなく、本人がサービスを受けられるように手配（契約）をすることが後見人の職務なのです。

　養子縁組をする、婚姻届を出すといった行為は「身分行為」に該当します。もともと身分行為は代理になじまないとされ、代理人が本人に代わってすることができないものです。したがって、後見人もこのような身分行為をすることはできません（☞Ⅱ5⑴）。

　また、利益相反についても注意が必要です。たとえば、母親の成年後見人を長

男が務めていたとします。父親が死亡したことで相続が発生し、その相続人が母親、長男、長女の３人だったとします。父親の相続財産の分配を決定するためには相続人３人で遺産分割協議をする必要があります。しかし、母親は成年後見制度を利用しており、成年後見人は長男です。長男には、相続人である母親の法定代理人としての立場と、みずからの相続人としての立場があり、利害関係が対立するため、公正な立場で母親の権利を擁護することができません。このような状況を利益相反といい、長男は、母親の成年後見人として遺産分割協議に参加することができません（この場合は、家庭裁判所で選任された成年後見監督人あるいは特別代理人が母親の法定代理人として遺産分割協議に参加することになります）（☞Ⅲ9）。

　前に説明したように、後見人は本人の権利擁護のために活動し、そのためにさまざまな権限をもちます。しかし、収支バランスを無視してお金を使ったり、自分の利益のために本人の名前で必要のない取引をするといったような本人不在の後見活動は、本人の権利を侵害してしまうことになり、権限の濫用といわれても仕方ありません。後見人は、本人の権利を侵害することのないように活動しなければなりません。

　後見人としての職務を行う中で、最初は注意深く慎重に少しずつ行っていても、慣れてくると「大丈夫だろう」という思い込みや推測の下で職務を進めてしまうことが出てくるかもしれません。しかし、後見人が軽はずみにした１つの行為が本人の権利を害することにつながりかねないということを強く意識すべきです。市民後見人として活動していく中でも、一つひとつの行動について「これは本人のためになっているか」といったん立ち止まることが必要です。みずからの行動に対して常に「疑問をもつ」ことが大切なのです。

(6)　本人や関係者との間に適度な距離をおいているか？

　後見人は、本人の財産を管理する関係上、本人や本人の家族と関係をもつことになります。このときに、本人との意思疎通が難しい場合などは、本人の意思を尊重した後見業務ができるように、家族や親族から本人が元気であったときの話を聞いたりすることもあり、家族や親族との距離は近くなりがちですが、後見人は、本人の権利を擁護するために家庭裁判所から選任された公正な第三者であるということを常に頭においておくべきでしょう。後見人は、本人の家族になるわけではありません。本人や関係者とは適度な距離を保つようにしましょう。

　本人との距離が近すぎると、本人は後見人の権限を超える役割まで求めるようになり、後見人としてできないことを断った場合、本人はそれを不快に感じることがあるかもしれません。そして、そのことが本人との信頼関係に溝をつくる原

第2章

因となる可能性もあります。

　また、本人の権利擁護に反することは「できない」ということを、明確に本人や関係者に伝えなければなりません。そのため、ときには関係者と対立することもあります。そのような場合、関係者との距離が近すぎると、せっかくつくり上げた関係に溝をつくることにもなりかねません。

　後見人は公正な第三者であるという立場を、後見人に就任した当初から明確にし、本人および関係者との間に適度な距離をおくことが必要です。

(7)　ルーティンワークになっていないか？

　後見人は法律行為のみを行うということは、どの後見活動においても同じですが、本人の生活や財産の状況は事案によって異なります。後見人は、その事案の状況に応じて、常に本人の状態に気を配り、病状や環境の変化に対応しなければなりません。

　また、後見活動を取り巻く関係法令や制度なども年々変化していきます。後見人は、みずから意識的に研修を受け、後見活動に関連する書籍を読むなどして、社会の変化に対応する必要があります。

　1件の後見活動だけをみても、本人の生活状況、財産状況、法令・制度などの変化により、後見活動の内容が変わっていきます。最初から最後まで同じことの繰り返し（ルーティンワーク）には、決してならないのです。

(8)　一人ひとりが適正・公正な活動をしているか？

　後見人の活動として心がけてほしいことがあります。それは、「後見人一人ひとりが適正・公正に後見活動を遂行する」ということです。「あの人はすごくまじめにやっているけれど、私は少し手を抜いてもいいだろう」ということがあってはいけません。どの人が後見人になったとしても、「後見人」であれば適正・公正な活動をしなければなりませんし、それを常に心がける必要があります。それは、本人の権利を擁護することになるのはもちろん、「制度への信頼」につながるからです。

　成年後見制度は、国民から、市民から、地域住民から信頼されているからこそ、社会システムの中に存在しているのです。信頼を積み重ねることは非常に時間がかかることですが、信頼をなくすことは、いともたやすく実現してしまいます。1人が起こした不適正・不公正な後見活動は、他の後見人の活動に大きな影響を及ぼすのです。

　後見人一人ひとりが適正・公正な活動を心がけ、その姿を次の後見人に見てもらい、後に続いてもらうために、また自分自身が高い倫理感をもち続けるために

も、日常的な活動のほかに勉強会や事例検討会などを自発的に行い、みずからの活動のあり方について問い続ける必要があります。その日々の研鑽が、「本人の最善の利益の追求」と「成年後見制度の信頼」を両立させるのです。

　成年後見制度は、すでに利用している人のためだけの制度ではなく、将来この制度を利用する人のための制度でもあることを考えておかなければなりません。

(9)　相談窓口、家庭裁判所、関係専門職等との連携を図っているか？

　後見人はその活動において責任をもって行動することになりますが、すべての事柄について1人で判断して行動しなければならないわけではありません。後見活動をしていく中では、介護や福祉の制度・サービスについての知識が必要な場合、法的なトラブルを解決するための方法が必要な場合、税務申告が必要な場合など、いろいろな場面が出てきます。そういった場合には、後見実施機関である成年後見支援団体や行政機関、司法書士・弁護士・社会福祉士・税理士などの専門家に相談するようにしましょう。自分1人で考えるだけでは誤った判断に陥ることがあり、それが本人にとっての不利益になることもあります。また、監督権者である家庭裁判所とも連携を密にする必要があります。

　こういった相談をすることができるためには、後見人が日頃からいろいろなネットワークに参加し、みずから交流を広げ、いざというときに相談することができるよう、人間関係を構築しておく必要があります。日頃から相談をする相手がいることで後見人の判断が独善的になることを防ぎ、何よりも後見人自身が孤立してしまうことを防ぐことができます。また、第三者の意見を聞くことで、みずからの判断が適切だったかどうかをチェックすることができます。そして、ネットワークの充実は、本人がよりよく生きることにつながるのです。

　いろいろな人と交流をもち、広い視野をもつことができるように、日々活動してほしいと思います。

(10)　社会貢献への意欲と誇りをもっているか？

　厚生労働省が発表した認知症高齢者の数は、平成24年は462万人でしたが、平成27年には525万人、令和7年には730万人に達すると推計されています（厚生労働省「日本における認知症の高齢者人口の将来推計に関する研究」）。認知症高齢者の数が増えていくことは、成年後見制度を必要とする人がさらに増大するということでもあります。

　後見の社会化という言葉があります。これは、「社会福祉のインフラ整備の一環として、国や地方自治体が成年後見制度の利用可能性を広く市民一般に保障する責務を負うべきことになったこと」（上山泰『専門職後見人と身上監護〔第3版〕』

12頁）と定義されます。

　私たちもいつか、成年後見制度を利用しなければならない立場になるかもしれません。そのとき、後見人が自分の権利を守ってくれる、だから安心して生きていくことができる社会になっているように、「後見の社会化」は必要な施策なのです。

　しかし、一方で、成年後見制度に対する一般市民の理解は、いまだ十分といえません。後見人となった人は、自分が担当する本人を支援するだけでなく、成年後見制度について正しい知識と理解を社会に浸透させる一翼を担うことになります。市民一人ひとりが成年後見制度に関する正しい知識と理解をもつことで、この制度に対する信頼はさらに増していきます。「講演会をしてほしい」ということではありません。後見活動をしていく中で出会うさまざまな立場の人に対して、正しい成年後見制度の理解をしてもらうように努めればよいのです。

　後見人として活動することは、社会への貢献度が高く、またやりがいのある大切な仕事です。その社会貢献への意欲と誇りをもつことが、後見人一人ひとりの高い倫理観を育てるのです。

⑾　代行決定から意思決定支援へ

　わが国において平成12年に成年後見制度がスタートしてから、成年後見制度に関する世界の考え方も大きく変化しています。現在では、日本の成年後見制度のように本人の能力を制限して代理権を行使することで本人を支援する「代行決定」よりも、本人の意思決定を支援する意思決定支援を優先する考え方が世界の潮流となっています。日本は2014年1月20日に障害者権利条約を批准しており、その流れはさらに強くなるものと思われます。

　リーガルサポートでは、平成23年度より、日本の成年後見制度を支えるあらゆる成年後見人が成年後見制度の理念・趣旨に即した成年後見業務を行うための職務指針の確立に向けて、平成26年5月に「後見人の行動指針」を発表しました。（「後見人の行動指針」については次頁のコラムを参照してください）。本稿で解説した「後見活動10のチェック」とあわせて読んでいただくと、後見人としての歩むべき方向をより明らかに示してくれることでしょう。

⑿　本人のよりよい人生のために

　後見人はみずからの判断と責任の下に行動し、一方で本人の意思決定支援および本人の意思の尊重に配慮しつつ、本人のよりよい人生に寄与するために行動しなければなりません。法律等により規律される面もありますが、みずからの行動指針（倫理）をもち行動することが、後見人には必要です。「後見活動10のチェック」に留意して、後見人として活動してください。

（第2章Ⅰ　久保　隆明）

《コラム》　後見人の行動指針

　　リーガルサポートは、平成26年５月、「後見人の行動指針」を発表しました。平成12年４月に新しい成年後見制度が始まってから十数年が経過したところで現状の後見事務を見直し、今後の後見事務の新たな道しるべとなるものをつくろうということから策定に至ったものです。

　　策定にあたっては、日本の成年後見制度の基本理念である「自己決定の尊重」「残存能力（現有能力）の活用」「ノーマライゼーション」「本人の保護」といった理念に立ち返って、現状の後見事務を見直しました。さらに、イギリスの2005年意思決定能力法や国連の障害者権利条約、第Ⅰ回成年後見法世界会議の「成年後見制度に関する横浜宣言」等、世界の新しい考え方を参考にし、「意思決定支援」の考え方を取り入れました。

　　「後見人の行動指針」は、次のとおりＡからＧの７つの区分に分かれています。

　　「Ａ　本人との関わり」は、本人との面会等をとおして、本人を知ることが後見事務の第一歩であるという内容です。

　　「Ｂ　本人による意思決定の支援」では、今後の後見事務において避けて通ることのできない「意思決定支援」を、後見事務の基本姿勢として示しました。

　　「Ｃ　代理権の行使」と「Ｄ　同意権、取消権の行使」では、意思決定支援の考え方を取り入れた権限行使の姿勢について示しました。代理権の行使であっても本人に関与してもらうことや、同意権・取消権行使の前段階で意思決定支援をすることなどがその内容です。

　　「Ｅ　本人の生活への配慮」では、後見事務の究極の目的は本人の生活の質の向上であるという観点から、生活面に配慮した後見事務の姿勢について示しました。

　　「Ｆ　事務の姿勢」では、適正な財産管理事務を行うための注意点を示しました。

　　「Ｇ　法定後見申立や任意後見契約締結にあたって」では、制度の理解が本人等と後見人の関係に大きな影響を及ぼすことを考え、制度利用前の注意点を示しました。

　　「後見人の行動指針」は、リーガルサポートの会員に限らず、その他の専門職、市民後見人、親族後見人等、後見事務に携わるすべての人に、自身の後見事務をよりよくするための道しるべとして使ってもらえるようにつくったものです。できることを少しでも取り入れてもらえれば、これからの後見事務がよりよいものになっていくと思います。

　　なお、「後見人の行動指針」の全文は、リーガルサポートのホームページ＜http://www.legal-support.or.jp/＞に掲載されています。また、行動指針の詳細な解説は、『これからの後見人の行動指針』をご覧ください。

（中西　正人）

第2章

職務の範囲・概要

●この節で学ぶこと●

　ここでは、まず、[1]～[5]で、法定後見制度における３類型に沿って、成年後見人、保佐人および補助人の一般的な職務の内容と、その職務には含まれないこと、職務として行うべきではないことを学習します。できることとできないことをはっきり区別して理解することが重要です。

　[6]では、個人情報保護法を中心に、本人の個人情報とプライバシーを保護することの重要性を学習します。後見活動をしていく中では、本人の住所・氏名・年齢などのほか、財産の状況や健康状態など極めて重要かつセンシティブな情報に接することになりますが、これらを保護することも後見人としての重要な職務です。

　[7]では、後見人の権限を証明するための公示制度である後見登記について、実務を行うにあたって必須となる後見登記事項証明書の見方などを学習します。

1　成年後見人はどのような職務を行うか

　成年後見人は、成年被後見人本人の財産の管理および身上保護に関する職務を行います。そして、これらを行うにあたっては、身上配慮義務（民法858条）と善管注意義務（民法869条が準用する民法644条）を負います。

　成年後見人は、原則として、本人の財産の管理および身上保護に関する法律行為や公法上の手続を行いますが、これらの行為に付随した事実行為もその職務の範囲に含まれるとされています。

(1)　財産管理に関する職務

　成年後見人は、本人が、人としての尊厳が守られながら安心した日常生活を送ることができるよう、本人の心身の状態や生活の状況に配慮しつつ本人の財産を管理します。

　成年後見人が行う財産の管理は、本人の財産全体を把握したうえで、これらの財産を保存したり、利用したり、必要に応じて処分することもできます。本人の財産を減らさないように心を配るのでなく、本人の利益のために必要であれば、積極的に本人の財産を活用し、本人の生活の質を向上させるよう努めるべきです

（☞Ⅲ）。

一方で、成年後見人が、本人にとって必要のない支出を行った場合には、善管注意義務に違反したとして、後日、損害賠償の請求を受けることもあります。

(2)　身上保護に関する職務

成年後見人は、身上保護に関する職務として、本人の衣食住に関する生活の維持、健康の維持、医療、介護、教育、リハビリなどに関する法律行為、その法律行為に当然伴うと思われる事実行為を行います（☞Ⅳ）。

また、本人の身上に関する利益について、自治体や施設に対して本人の主張を補完し、または代弁する権利擁護の役割（いわゆるアドヴォカシー）も、成年後見人の身上保護に関する職務に含まれるとされています。

本人が精神障害者であるときは、本人が適切な治療を受けることができるように、精神保健福祉法により医療保護入院の制度が設けられています。この医療保護入院については家族等のうちいずれかの者の同意が要件となっています。成年後見人・保佐人は、この家族等に含まれます。（☞第2巻第1章Ⅱ5）。

(3)　成年後見人は身上配慮義務を負う

成年後見人が本人の生活、療養看護および財産の管理に関する事務を行うにあたっては、本人の意思を尊重し、かつ、その心身の状態や生活の状況に配慮しなければならないとされています（民法858条）。

したがって、成年後見人は、この身上配慮義務を尽くすために、日頃から本人をよく見守り、本人の意向に配慮して、本人の生活や身体の状況を十分に把握しておく必要があります。

《コラム》　*JR東海判決―認知症高齢者徘徊鉄道事故訴訟*

認知症高齢者が徘徊中に線路に立ち入って起こった事故について、家族や後見人は監督義務者としてその責任を負わなければならないのでしょうか。

平成19年、認知症高齢者が線路に立ち入り、列車に衝突して亡くなるという鉄道事故が発生しました。鉄道会社は認知症高齢者の家族に対し、事故による振替輸送費等約720万円の損害賠償を求め、裁判を起こしました。

第1審は、妻と長男の監督義務者としての責任を認めました。第2審は、遠方に居住していた長男の責任は認めませんでしたが、妻については夫婦の協力扶助義務（民法752条）があることなどから同法714条1項の監督義務者にあたるとして、その責任を認めました。現実には認知症の人の徘徊を完全に防ぐことは難しく、これらの判決に対しては、介護する家族に過重な責任を負わせるものとして介護現場から批判と不安の声が上がりました。そして、裁判所の最終判断となる最高裁判所の判決が平成28年3月1日に出されました

第2章

最高裁判所は、まず、本人と同居する配偶者であるからといって、直ちに監督義務者にあたるわけではないとしました。

そして、監督義務者でない者であっても、本人との関係や日常生活の状況から、監督義務を引き受けたとみるべき特段の事情がある場合には、監督義務者に準ずる者として損害賠償責任を負うことがあるとしたうえで、長男についても妻についても、その責任を否定しました。長男が遠方に住んでいて長年別居していたことや、妻が高齢で身体的な衰えがあったこと等から、法律上も事実上も監督義務者にはあたらないとされたのです。介護現場の実情や、介護にあたる人たちの認識に沿った妥当な判断といえるでしょう。

一方で、解決できない問題も残っています。この事故では、被害を受けた側が日本でも有数の大企業で、その経営規模からすると損害額は決して巨額とはいえないものでした。しかし、被害を受けた側が一般の個人であった場合などにおいて、認知症の本人やその家族等に責任がないとすることだけでよいのか、認知症の人の行為によって発生した損害を誰が負担すべきなのか、簡単には答えのみつからない問題です。この訴訟以後、認知症の人によるこのような事故の損害もカバーできるよう、個人賠償責任保険の適用範囲を広げている保険会社もありますが、さらに進んで、公的な補償制度の創設が望まれるところです。

また、この裁判の事例では、具体的な事情から家族の責任が否定されました。最高裁判所は、成年後見人であることだけで直ちに法律の定める監督義務者にあたるとはいえないとも述べています。しかし、家族や成年後見人が、認知症の人の徘徊による事故を十分予測できるにもかかわらず容易に行える対応をとらなかった場合は、その責任が認められることがあるかもしれません。成年後見人には、周囲の関係者と連携をとりながら、その職務の範囲内で本人の見守りを継続していくことが求められます。

（中西　正人）

2　成年後見人はどのような権限に基づいて職務を行うか

成年後見人には、法律上の権限として当然に代理権と取消権が与えられています。成年後見人は、原則として、これらの権限を利用して本人の財産管理に関する職務と身上保護に関する職務とを行います。

(1)　代理権の行使

成年後見人は、本人の財産を管理し、かつ、その財産に関する法律行為について本人を代表します（民法859条1項）。後見登記における後見の登記事項証明書には、成年後見人の代理権についての記載は一切ありませんが、これは、法律上、法定代理人として本人の財産に関する法律行為について当然に本人を代理する権限が与えられているからです。

ただし、本人の利益を保護するため、次のように成年後見人の代理権が制限さ

れることがあります。

(2)　代理権の行使が制限される場合

(A)　成年後見監督人の同意を要するとき

　家庭裁判所は、必要に応じて成年後見監督人を選任することができます。成年後見監督人が選任された場合において、成年後見人が本人に代わって営業をし、または本人にとって重要な財産に関する行為など民法13条1項各号（保佐人の同意を要する行為）に掲げられた行為を本人に代わってするときには、成年後見監督人の同意を得なければなりません。ただし、本人の普通預金から一定の金銭を払い戻すなど、元本の領収にあたる行為については、同意を得る必要はありません（民法864条）。

　もし、成年後見人が成年後見監督人の同意を得ないで、本人に代わってこれらの行為を行ったときは、本人または成年後見人は、その行為を取り消すことができます（民法865条）。

(B)　利益相反行為にあたるとき

　成年後見人が、本人と成年後見人との利益が相反する行為をするとき、または、成年後見人が代理する他の成年被後見人と本人との利益が相反する行為をするときは、代理権の行使が制限され、成年後見人はその行為につき本人を代理することができません（☞Ⅲ⁹）。

(C)　本人の居住用不動産を処分するとき

　成年後見人が本人に代わって本人の居住用不動産を処分するときは、家庭裁判所の許可を得なければなりません（☞Ⅲ⁷）。

(D)　本人の行為を目的とする債務を負担するとき

　本人が労務を提供する内容の雇用契約や本人にとって簡易な事務の委託契約を結ぶなど、本人自身の行為を目的とする債務を負担するときは、成年後見人は、本人の同意がなければ本人に代わってその契約を結ぶことはできません（民法859条2項が準用する民法824条ただし書）。

　本人に同意する能力が認められないときは同意を得られないものとして扱われることになり、本人を代理してこのような契約をすることはできません。

(E)　代理権の濫用にあたるとき

　成年後見人には、本人の財産行為について包括的な代理権が与えられています。ただし、正当な理由もなく、成年後見人が本人の財産から金銭を無利息で借用したり、本人の親族のために本人所有の土地を担保に提供するなど、成年後見人が明らかに自己の利益または第三者の利益を目的として本人の財産を処分したりす

るような行為は、成年後見人の権限の濫用にあたり、代理権の行使が制限されます。

　成年後見人が権限の濫用にあたるような行為を行ったときは、成年後見人の任務に適しない事由があったとして、成年後見人を解任されることがあります（民法846条）。

(3)　取消権の行使

　取消権とは、必要のない建物修繕工事をリフォーム業者と契約したり、必要のない高額商品を通信販売を利用して購入するなどの法律行為を本人自身が行ったときに、成年後見人が、本人の利益のためにその行為を取り消し、元の状態に戻す権限をいいます。

　ただし、成年後見人は本人がした日用品の購入その他日常生活に関する行為については、取り消すことはできません。日用品その他の生活必需品の購入などについては、その額も比較的少額であり、また、本人の自己決定を尊重しようという考え方によるものです。

　日常生活に関する行為とは、一般的には、食料品・衣料品・日用品雑貨などの生活必需品の購入、電気代・水道代などの公共料金の支払い、公共交通機関の利用などが考えられます。ただし、具体的にどのような行為が日常生活に関するものにあたるのか、取消権を行使できるか否かなどについては、本人の資産の内容、生活の状況などを十分に考慮する必要があります。

　成年後見人は、基本的には本人の意思を尊重しつつ職務を行いますが、一方で本人を保護することも求められています。両者の調和の中で、どこまで本人の意向を尊重するのかを判断しなければなりません。

　また、客観的には無駄な行為に思えるような場合でも、本人がその行為を望んでいて、他人に迷惑をかけるようなことでなければ、成年後見人の価値観のみでその行為を否定して取り消すことは妥当とはいえません。（客観的・社会的には相当でないと思われる行為（たとえば、酒・たばこなどの嗜好品を過度に口にすること）を認めることも、場合によっては本人の利益に適うことになるからです）。

3　保佐人はどのような権限に基づいて職務を行うか

　保佐人は、被保佐人本人の意思をできるだけ尊重しながら、同意権・取消権または代理権という権限を行使して、与えられた権限の範囲内で本人の財産管理や身上保護に関する職務を行うことにより本人の生活を支援し、権利を擁護します。

　保佐人がこれらの職務を行うときは、成年後見人と同様に、身上配慮義務および善管注意義務を負います（民法876条の５第１項および同条２項が準用する民法644条）。

　なお、保佐の場合は、本人自身が法律行為を行うことが少なくないので、保佐人は、本人とのコミュニケーションを十分に図り、できる限り本人の意思を尊重する姿勢が重要です。

⑴　同意権と取消権の行使

　本人が重要な財産上の法律行為を行うときは、保佐人には、法律上、同意権が与えられており、本人が保佐人の同意を得ずに行った法律行為について取消権が与えられています（民法13条１項・４項）。

　保佐人の同意権とは、本人が重要な財産上の法律行為を行うにあたり、その内容が本人の不利益になるか否かについて保佐人が検討し、問題がないときにはその行為を了承する権限、または、問題があるときには了承しない権限をいいます。

　保佐人の取消権とは、本人が保佐人の同意を得ないで重要な財産上の法律行為を行ったときに、保佐人が、本人の利益のためにその行為を取り消し、元の状態に戻す権限をいいます（保佐人が同意権を有する行為について、本人が保佐人の同意を得ずに行為を行ったときは、保佐人は取消権を有することになります）。保佐人が取り消すことのできる行為は、本人自身も取り消すことができます。

　なお、同意権と取消権を行使するということは、本人の意思に基づく自由な行為を制限するという性質があります。そのため、保佐人は、本人と相談しながら、本人の資産の状況や利益保護とのバランスなどを考慮して、自己の価値観を一方的に押し付けることのないように注意しながら、同意権・取消権の行使を検討することが必要です。

⑵　保佐人の同意を得なければならない行為

　本人が保佐人の同意を得なければならない重要な財産上の法律行為は以下のとおりです（民法13条１項１号〜10号）。

⒜　元本の領収または利用

　元本とは、地代、家賃、利息などを生じる財産のことです。元本の領収とは、預貯金の払戻し、債務の弁済を受領することなどです。元本の利用とは、利息付きの金銭の貸付けをすること不動産の賃貸などです。

⒝　借財または保証

　金銭の借入れを目的とした金銭消費貸借契約を締結したり、債務保証契約（他人の債務について保証人になる契約）を締結するなどの行為です。

　(C)　不動産その他重要な財産に関する権利の得喪を目的とする行為

具体的には、次のような行為が含まれます。

①　本人が所有する土地または建物を売却すること

②　本人が所有する土地または建物に抵当権を設定すること

③　高額な金銭や品物を贈与したり寄付したりすること

④　通信販売、訪問販売、電話やインターネットによる商品取引を利用して高額な商品を購入すること

⑤　高額のクレジット契約を締結すること

⑥　無利息で他人に金銭を貸し付けること

⑦　各種の介護サービス・福祉サービスを利用する契約を締結すること

⑧　有料老人ホームなどの介護施設やグループホームなどの障害者施設などに入所する契約を締結すること

　(D)　訴訟行為

本人が訴えを提起したり、訴えを取り下げるなどの訴訟行為を行うときは、保佐人の同意が必要です。ただし、相手方が提起した訴え（判決に対して控訴・上告をすることを含みます）に対して応訴する場合には、保佐人の同意は不要です。

　(E)　贈与、和解、仲裁合意

他人（本人の親族を含みます）に高額な金銭、動産、不動産を贈与したり、和解（争いの当事者が互いの譲歩により自治的に争いを止める合意）や仲裁合意（争いの当事者が第三者に判断を委ねることにより争いを止める合意）に応じたりする行為です。和解には、裁判上の和解と裁判外の和解の双方が含まれます。

　(F)　相続の承認もしくは放棄または遺産の分割

親族の死亡などにより本人が相続人となった場合に、相続財産の中には負債も含まれることがあります。このため、相続の承認・放棄、遺産分割は、保佐人の同意を要する行為となっています。また、相続の限定承認の手続、相続放棄の手続、他の相続人と遺産分割の協議を行うときも保佐人の同意が必要です。

　(G)　贈与の申込みの拒絶、遺贈の放棄、負担付き贈与の申込みの承認、負担付き遺贈の承認

本人にとって不利益にならないような贈与契約や遺贈を本人が拒否するとき、負担を伴う贈与契約や遺贈を本人が承諾するときは、保佐人の同意が必要です。

　(H)　新築、改築、増築または大修繕

本人が所有または共有する家屋の新築、改築、増築または大修繕のための請負契約等をすることには相当の出費を伴いますので、保佐人の同意が必要です。

(Ｉ) 民法602条（短期賃貸借）に規定する期間を超える賃貸借

次に掲げるそれぞれの期間を超えて本人が賃貸借契約をする場合には、保佐人の同意が必要です。

① 樹木を植えたり伐採したりするための山林の賃貸借は、10年

② 上記①以外の土地の賃貸借は、5年

③ 建物の賃貸借は、3年

④ 動産の賃貸借は、6カ月

(Ｊ) (Ａ)～(Ｉ)に掲げる行為（被保佐人が保佐人の同意を得なければならない法律行為）を制限行為能力者の法定代理人としてすること

平成29年の民法の一部を改正する法律（平成29年法律第44号）により新たに追加されたものです。詳しくは第1巻1章Ⅳ③(4)(Ｊ)を参照してください。

⑶ 同意権を拡張することができる

本人の保護のため特に必要と思われるときは、保佐開始審判の申立てができる人や保佐人などの請求により、家庭裁判所は、民法13条1項に定める重要な財産上の法律行為以外の法律行為についても、保佐人の同意を得なければならない旨の審判をすることができます（民法13条2項）。

この審判は、あくまで本人を保護するために必要な限度でなされるものであり、本人の同意を得る必要はありません。

⑷ 取消権の行使が制限される場合

(Ａ) 日常生活に関する行為

成年後見人と同様に、日用品の購入その他本人の日常生活に関する行為については、保佐人は同意権を行使することはできず、したがって保佐人はその法律行為を取り消すことができません（民法13条1項ただし書）。これは、日常生活の中での少額な金銭の管理についてまで本人の行為を制限する必要はなく、本人の意思を尊重する趣旨から設けられた規定です。

(Ｂ) 保佐人の同意に代わる許可を得た行為

保佐人は、本人の意思の尊重と本人の利益の保護との調和を十分に考慮して、本人が行う重要な財産行為（たとえば不動産の売却）について同意するかしないかを検討する必要があります。本人の利益を害するおそれがないにもかかわらず保佐人が同意しないときには、本人は家庭裁判所に申し立てて、保佐人の同意に代わる許可を得ることができます（民法13条3項）。この許可により、本人は自己決定に基づく行為を実現することが可能となり、保佐人は、この行為について取消権を行使することが制限されます。

(C)　詐術を用いた法律行為

　本人が、相手方に対し、偽造文書を使用したり、他人に偽証させたりするなど、詐術（相手をだます手段）を用いることによって、自分が完全に有効な法律行為ができることを相手方に信じさせて行った行為については、保佐人は、その行為を取り消すことはできません（民法21条）。

　なお、本人が、単に被保佐人であることを相手方に告げずに法律行為を行っても、それだけでは詐術を用いたことにはならないと解されています。

(5)　保佐人の代理権は申立てに基づいて家庭裁判所が決定する

　保佐人は、成年後見人と異なり当然に代理権を有しているわけではなく、家庭裁判所が認めた特定の法律行為についてのみ代理権を有し、本人に代わってその法律行為を行うことができます。ここにいう法律行為には、官庁への届出など公法上の行為やこれらの行為に付随した事実行為も含まれます。

　家庭裁判所が、特定の法律行為について保佐人に代理権を付与するについては、本人による申立てまたは本人の同意が必要です（民法876条の4第1項・2項）。

　保佐人が、付与された代理権の範囲内において本人に代わって法律行為等を行う場合には、代理権付与の際に本人の同意を得ているときでも、そのつど本人に了解を得るか報告することが望ましいといえます。その理由は、保佐人に代理権が与えられている行為であっても、それによって本人の行為能力が制限される（本人がその法律行為等をすることができなくなる）ことはなく（本人がみずからその行為を行うことができる）、必ず保佐人がその行為を行わなければならないというわけではないからです。

　また、保佐人が本人に代わって代理権を行使する場合には、その行為が家庭裁判所によって付与された代理権に含まれているかどうかの確認を怠らないことが大切です。もし保佐人が、代理権の範囲外の行為を行ったときは、その行為は無権代理行為となり、本人がそれを追認しなければ本人に対してその効力は生じません（民法113条1項）。

　本人の追認が得られないときは、原則として、その行為の相手方に対して保佐人自身が履行するか、または損害を賠償する責任を負うことになります（民法117条1項）。

(6)　代理権の行使が制限される場合

　本人の利益を保護するため、成年後見人と同様に、保佐人の代理権の行使が制限されることがあります。

(A)　利益相反行為にあたるとき

保佐人または保佐人が代表する人と本人との間の法律行為で両者の利益が相反するとき（たとえば、保佐人が本人を代理して、その保佐人が成年後見人に就任している成年被後見人との間で遺産分割協議を行うとき）は、代理権の行使が制限され、保佐人はその行為について本人を代理することができません。この場合、保佐人は、代理権だけでなく同意権の行使をすることもできません。

このようなときは、保佐監督人がある場合には保佐監督人が本人を代表し（民法876条の3第2項が準用する民法851条）、保佐監督人がいない場合には、保佐人は、家庭裁判所に臨時保佐人の選任を請求しなければなりません（民法876条の2第3項）。

(B)　本人に代わって居住用不動産を処分するとき

保佐人が不動産の処分について代理権の付与を受けている場合において、保佐人が本人に代わって本人の居住用不動産を処分するときは、成年後見人と同様に家庭裁判所の許可が必要です。

しかし、本人が居住用不動産を処分することについて保佐人が同意権を行使するときは、家庭裁判所の許可は不要です。

(C)　代理権の濫用にあたるとき

保佐人に代理権が与えられている行為であっても、正当な理由なく本人の重要な財産を第三者（本人の親族を含む）に贈与するなど、保佐人が明らかに自己または第三者の利益を目的として行ったり、代理権を行使するようなときは、権限の濫用にあたるとされ、代理権の行使が制限されます。

保佐人が権限の濫用にあたるような行為をしたときは、保佐人の任務に適しない事由があったとして保佐人を解任されることがあります（民法876条の2第2項が準用する民法846条）。

(7)　本人を支援するために代理権と同意権を使い分ける

保佐人に代理権が与えられている行為であっても、その行為を本人が自分自身で行うことを希望しているときがあります。そのような場合は、その意思を尊重し、保佐人が代わって行うのではなく、本人が行う法律行為を支援するという選択も可能であり、そのような姿勢は大切です。

4　補助人はどのような権限に基づいて職務を行うか

補助人は、被補助人本人の意思をできるだけ尊重しながら、与えられた代理権や同意権の範囲内で本人の財産管理や身上保護に関する職務を行うことによって、

第2章

本人の生活を支援し、権利を擁護します。

　補助人がこれらの職務を行うときは、身上配慮義務および善管注意義務を負います（民法876条の10第１項が準用する民法876条の５第１項・民法644条）。

　なお、補助の場合は、保佐と同様に、本人自身が法律行為を行うことが少なくないので、補助人は、本人とのコミュニケーションを十分に図り、できる限り本人の意思を尊重する姿勢が重要です。

(1)　補助人の代理権は申立てに基づいて家庭裁判所が決定する

　補助人は、保佐人と同様に、当然に代理権を有しているわけではありません。家庭裁判所が認めた特定の行為についてのみ代理権を有し、本人に代わってその行為を行うことができます。その行為は原則として法律行為に限られますが、官庁への届出など公法上の行為やこれらの行為に付随した事実行為も含まれます。

　家庭裁判所が、特定の法律行為について補助人に代理権を付与するについては、本人による申立てまたは本人の同意が必要です（民法876条の９第１項および同条２項が準用する民法876条の４第２項）。

(2)　代理権を行使する際の注意点

　補助人が、付与された代理権の範囲内において本人に代わって法律行為等を行う場合には、そのつど本人に了解を得るか報告することが望ましいといえます。補助人に代理権が与えられている行為であっても、それによって本人の行為能力が制限される（本人がその法律行為をすることができなくなる）ことはなく（本人がみずからその行為をすることができる）、必ず補助人がその行為を行わなければならないというわけではないからです。

　また、補助人が本人に代わって代理権を行使する場合には、その行為が与えられた代理権に含まれているかどうかの確認を怠らないことが大切です。補助人が代理権の範囲外の行為を行ったときは、その行為は無権代理行為となり、本人がそれを追認しなければ、本人に対してその効力は生じません（民法113条１項）。

(3)　補助人の同意権は申立てに基づいて家庭裁判所が決定する

　保佐人と異なり、補助人は当然に同意権を有しているのではなく、家庭裁判所が認めた特定の法律行為についてのみ同意権が与えられます。本人が、その法律行為をするときは、補助人の同意を得なければなりません。

　家庭裁判所が、特定の行為について補助人に同意権を付与するについては、本人による申立てまたは本人の同意が必要です（民法17条１項・２項）。

　なお、補助人の同意を要すべき法律行為の範囲は、保佐人の同意を要すべき法律行為（民法13条１項）の一部に限られます。

(4)　同意権・取消権の行使とその際の注意点

　本人が、補助人に同意権の付与された法律行為を行うときは、その法律行為の内容が本人の不利益にならないかについて、補助人が検討します。その結果、問題がなければ補助人がそれに同意し、問題があれば補助人がそれに同意しないことができます。

　また、本人が補助人の同意を得ないでその行為をしたときは、本人の利益のために、補助人は、その行為を取り消して元の状態に戻すことができます。補助人が取り消すことのできる行為は、本人自身も取り消すことができます。

　なお、同意権と取消権の行使は、本人の意思に基づく自由な法律行為を制限するという性質があるため、補助人は、本人の資産の状況や利益保護とのバランスなどを考慮して、本人とよく相談しながら、自己の価値観を一方的に押し付けることのないように注意することが必要です。

(5)　補助人の権限が制限される場合

(A)　利益相反行為にあたるとき

　補助人または補助人が代表する者と本人との間の法律行為で両者の利益が相反するときは、補助人はその行為につき代理権または同意権の行使をすることができません。

　この場合には、補助監督人が選任されている場合には補助監督人が本人を代表し（民法876条の8第2項が準用する民法851条）、補助監督人がいない場合には、補助人は、家庭裁判所に臨時補助人の選任を請求しなければなりません（民法876条の7第3項）。

(B)　本人に代わって居住用不動産を処分するとき

　補助人が不動産の処分について代理権の付与を受けている場合で、補助人が本人に代わって本人の居住用不動産を処分するときは、成年後見人と同様に、家庭裁判所の許可が必要です。

　しかし、本人が居住用不動産を処分することについて、補助人が与えられた同意権を行使するときは、家庭裁判所の許可は不要です。

(C)　代理権の濫用にあたるとき

　補助人に代理権が与えられている行為であっても、補助人が明らかに自己または第三者の利益を目的として行ったり、本人の意思を確認せず補助人の独断で代理権を行使するようなときは、権限の濫用にあたるとされ、代理権の行使が制限されます。

　補助人が権限の濫用にあたるような行為をしたときは、任務に適しない事由が

第2章

あったとして補助人を解任されることがあります（民法876条の7第2項が準用する民法846条）。

(D)　補助人の同意に代わる許可を得た行為

補助人に同意権が付与されている行為について、本人の利益を害するおそれがないにもかかわらず、補助人が同意しないときは、本人は、家庭裁判所に申し立てて、補助人の同意に代わる許可を得ることができます（民法17条3項）。この許可により、本人は自己決定に基づく行為を実現することが可能となり、補助人は、この行為について取消権を行使することが制限されます。

5　後見人の職務に含まれないこと

ここでは、成年後見制度の趣旨や目的に照らして、後見人（成年後見人、保佐人、補助人）の職務に含まれないこと、職務として行うべきではないことなどについて述べます。

(1)　身分行為について代理権・同意権・取消権を行使すること

本人の婚姻、離婚、養子縁組、養子離縁、認知などの行為について、後見人が本人に代わって意思表示を行うこと、または本人の行為について同意権や取消権を行使することは、後見人の職務には含まれません。また、本人に代わって遺言書を作成することも後見人の職務には含まれません。

これらは身分行為とよばれ、本人自身の意思決定によって行われるべきであり、代理にはなじまない行為とされているからです。

なお、これらの身分行為に関する訴訟（人事訴訟）については、後見人は与えられた権限の範囲内において本人を代理したり同意することができます。

(2)　事実行為としての家事・介護に関する行為

本人の日常生活において、炊事、洗濯、掃除などの家事援助に関する行為や、食事の摂取、着替え、排泄などの身体介護に関する行為は、事実行為であるため、後見人の職務には含まれません。

ただし、後見人が本人を代理して介護契約を結ぶという法律行為を行う場合に、その前提として、たとえば介護事業者と相談したりサービス契約を検討する行為は、法律行為に付随する事実行為として、後見人の職務の範囲に含まれるとされています。

なお、本人が介護や看護を必要としている状況であるにもかかわらず、これを放置することは、後見人の身上配慮義務に違反することにもなりかねないので、

介護契約や訪問看護契約の締結など速やかに必要な措置を講じる必要があります。

(3)　本人の身体に対する強制を伴う事項

本人に医療機関を受診させることや、入院・施設入所させることなどのように、本人の身体に対する強制を伴う事項については、後見人の職務には含まれません。後見人の職務の範囲としては、これらの行為について本人に説明することにとどまり、強制的にそれらの行為を行わせることはできないと考えられます。

ただし、本人が精神障害者であって、医療保護入院について家族等（成年後見人・保佐人も含まれます）の同意があるときは、本人の同意がなくても入院させることができます（精神保健福祉法33条）。

(4)　医療行為の同意

後見人は、与えられた権限の範囲内で、本人に代わって医療契約を締結することができます。しかし身体の苦痛や危険を伴うことのある具体的な医療行為（手術その他の治療、検査など）については、本人に同意するか否かの判断能力が欠けている場合でも、後見人が本人に代わって同意することはできないとされています（☞Ⅳ4(4)）。

(5)　身体拘束への同意

医療機関や介護施設等において、自傷他害行為を防ぐために、本人の身体をベッドや車いすにひもで縛る、手指の機能を制限するためにミトン型の手袋をつけさせる、自分で降りられないようにベッドを柵で囲むなどのように、本人の行動を制限する行為を身体拘束といいます。

厚生労働省の基準では、介護施設等における身体拘束は、原則として禁止されています。また、平成24年10月に施行された障害者虐待防止法では虐待にあたると規定されており、高齢者虐待防止法においても虐待にあたると考えられます。身体拘束のないケアの実現に向けて、厚生労働省は、平成13年３月に「身体拘束ゼロへの手引き」を作成しています。

しかし、さまざまな取組みをしたうえで、それでも緊急でやむを得ない場合（以下の３つの要件をすべて満たした場合）には、身体拘束をすることが許容されます。

①　切迫性　　本人または他人の生命または身体が危険にさらされる可能性が著しく高いこと

②　非代替性　　身体拘束以外に代わる介護方法がないこと

③　一時性　　身体拘束が一時的なものであること

これらの要件に加えて、緊急でやむを得ないかどうかの判断を個人で行うこと

のないよう、施設におけるルールや手続を定めておくこと、本人や家族等に対してできる限り詳しく説明し、十分に理解を得るようにすることが必要です。また、やむを得ず身体拘束を行う場合には、利用者の心身の状況、身体拘束の理由などを記録しておかなければなりません。

　この身体拘束について、医療機関や施設から、後見人が同意を求められることがあります。しかし、本人や親族に代わって身体拘束への同意をすることは、(3)の「本人の身体に対する強制を伴う事項」に含まれますから、後見人の職務には含まれません。同意を求められた場合には、成年後見支援センター・中核機関（第1巻2章Ⅲ(3)参照）・専門職に相談したうえで、医療機関や施設に後見人の立場を説明し、理解してもらうようにしましょう。

(6)　終末期医療・尊厳死にかかわる決定、延命治療の中止

　回復の見込みのない不治の病に侵されたときの終末期医療をどのようにしたらよいか、その場合に延命治療を拒否するのか、また、現在受けている延命治療を途中で中止するかなどといった判断は、本来、本人しか決めることができない事柄とされています。

　これらの事柄について、本人の判断能力が不十分になる以前に、後見人が本人の意思を確認していたときは、その内容を医師に伝えることができます。しかし、事前に本人の意思表明がないまま、本人が意思を表明することのできない状態になったときは、後見人が本人に代わってその意思を表明することはできません。

　これは、臓器移植における臓器提供の意思についても同様です。

(7)　身元引受人・身元保証人になること

　一般的に、老人ホーム等の施設への入所や病院への入院にあたり、身元引受人あるいは身元保証人を付けることを求められます。

　身元引受人と身元保証人の違いについては必ずしも明確に区別されていないようですが、おおむね次のような責任を求められている例が多いようです。

① 　本人が負担する施設利用料や入院費用に関する債務の連帯保証

② 　本人が施設や病院に損害を与えた場合の損害賠償の債務の連帯保証

③ 　本人の身柄の引取り

④ 　緊急連絡先の引受け

　これらのほかに、費用の支払いや医療行為への同意などを求められることもあります。

　上記の①②③が後見人の職務に含まれないのは当然です。④については、本人に適当な親族や知人がないときは、後見人がその役割を担当することもあります。

　後見人が身元引受や身元保証を求められたときは、その責任の内容をよく確認し、後見人の職務として、できることとできないことを明確に相手に伝え、契約に臨むことが大切です（☞Ⅳ4(7)）。

(8)　本人の財産を贈与・寄付すること

　後見人が、本人の財産を他人（本人の親族を含みます）や施設等に無償で贈与または寄付する行為は、後見人の権限の濫用にあたると考えられますから、原則として後見人が行うべきではありません。

　ただし、冠婚葬祭での社交儀礼的な金銭の支出（祝儀、香典など）については、本人の社会的な立場や、相手方との関係から、後見人が本人に代わって常識の範囲内で支払うことが認められる場合もあるでしょう。

　また、本人が所属している宗教団体への寄付金等については、本人の従来からの信仰心や習慣を尊重し、本人の意思として推定できる範囲において後見人が支出することも、同様です。

　これらについての判断をするときには、成年後見支援センター・中核機関・専門職と相談したうえで決めるようにしましょう。

(9)　投資や投機的な取引を行うこと

　後見人が、本人の財産を運用する目的で、証券取引や先物取引を行ったり、元本割れのリスクが伴う金融商品などを購入する行為は、成年後見制度の目的からして、適切ではありません。

　本人が従来から保有していた金融商品などについて、解約して現金化する行為は、後見人の職務の範囲に含まれますが、本人の財産を運用して増加させようとする行為は、職務の範囲に含まれません。

　このような不相当な行為によって本人に損害を与えたときは、後見人がその損害を賠償する責任を負うことになります。

(10)　相続税対策をすること

　本人が死亡した後の相続税への対策のために、生前贈与により本人の財産を減少させたり、金融機関からの借入れによって本人の負債を生じさせたりすることについて、後見人が、本人の親族から依頼を受けることがあります。

　しかし、このような相続税対策を目的とした行為は、推定相続人の利益を目的としたものであって、本人の利益となるものではありません。したがって、後見人の権限の濫用にあたると考えられますから、原則として後見人が行うべきではありません。

⑾　本人の居所を指定すること

　後見人は、本人が自宅での生活が客観的に困難であると判断したときは、身上配慮義務を果たすために、本人にとって適切な住まい（老人ホーム、グループホームなどの施設）を確保することについて検討する必要があります。

　しかし、本人が実際に新しい住まいに入居することについては、本人の同意が不可欠です。その理由は、本人の意思に反して施設等に入居させる契約をすることは、身体に対する強制を伴う行為として後見人の職務に含まれないとされているからです。

　このように、後見人には、与えられた権限の範囲で本人のために施設入所契約を結ぶ権限が認められることはあっても、本人の意思に反して本人の居所を指定する権限はないとされているのです。

（第2章Ⅱ①〜⑤　菱田　徳太郎）

6　本人に関する個人情報・プライバシーの取扱いには注意が必要

⑴　個人情報・プライバシーの保護

(A)　個人情報の保護

　個人情報保護法は、個人情報の社会的価値を認めつつ、民間の事業者が個人情報を適正に活用するルールを定め、プライバシーを含む個人の権利利益が侵害されることを防止するため制定されましたが、その後の高度情報通信社会の飛躍的な進展に伴い、個人情報の保護の強化と個人情報の利活用の推進のための法整備が求められ、平成27年9月に大幅な見直しが行われました。

　個人情報保護法が対象とする「個人情報」は、生存する個人に関する情報であって、当該情報に含まれる氏名、生年月日その他の記述等により特定の個人を識別することができるすべての情報のことです（個人情報保護法2条1項）。この個人情報を取り扱う事業者は、個人情報の利用・提供に際して適正な取扱いを確保するためのルールに従わなければなりません。

(B)　プライバシーの保護

　プライバシー権とは、私生活をみだりに公開されないという、人間の人格と切り離すことができない法的な権利ないし利益といわれています。個人の尊厳を保ち、幸福の追求を保障するうえにおいて必要不可欠な権利です。

　プライバシーの侵害に対して法的な救済が与えられるためには、①公開された

内容が事実、またはそれらしく受け取られるおそれのある事柄であること、②一般的に公開を欲しないであろうと思われること、③一般の人々に知られていない事柄であること、という要件が必要とされています。そして、その要件が満たされた場合には、民法上の不法行為にあたり、侵害行為の差止めや損害賠償が認められることになります。

また、事実を公開することによって特定の人の名誉や信用を侵害したときは、刑法上の名誉毀損や信用毀損の罪にあたることがあります。

(2)　後見人の職務においては個人情報・プライバシーに注意する

(A)　後見人の職務と個人情報

後見人は、判断能力がない、または不十分な本人の財産を保護し、生活の質の維持と向上を図ります。その過程において、後見人は、本人の氏名・住所・年齢等のほか、財産の状況や健康状態など、極めて重要な個人情報に接することになります。特に、本人の人種、信条、社会的身分、病歴等の記述が含まれる個人情報は、要配慮個人情報（個人情報保護法2条3項）とされ、その利用・提供に際しては特に慎重な取扱いが求められます。

もっとも、個人情報保護法の適用対象は、個人情報取扱事業者（個人情報データベース等を事業の用に供している者）であるため、市民後見人がこれに該当するケースはそう多くないかもしれません。

しかし、法律上の義務は課せられないとしても、預貯金等の管理、収支計画や財産目録の作成、金銭の出納、病院や介護施設との契約などをとおして、本人の財産や健康の状態などといった情報に接する機会の多い後見人は、自主的に個人情報の保護に取り組むことが望ましいと考えます。

(B)　後見人の職務と個人番号（マイナンバー）制度

日本国内に住所があるすべての人に12桁の個人番号（マイナンバー）を割り当て、これを行政機関等における社会保障、税および災害対策の分野で利用する、いわゆる「マイナンバー制度」が、平成28年1月から始まりました。

マイナンバー法（行政手続における特定の個人を識別するための番号の利用等に関する法律）は、個人情報保護法等の特例法という位置づけですが、個人番号の悪用や漏洩により本人の権利利益の侵害を招くおそれが大きいことから、個人情報保護法以上に、個人番号の利用、提供、収集および保管について、厳格な保護措置を講じる必要があります。

社会保障分野を例にとると、年金の受領、介護保険の利用、高額療養費の助成などの手続において個人番号が必要となりますが、後見人が本人の個人番号を把

握し、その保管・提供を行うかどうかについては、本人の状況や手続における個人番号の必要性などを踏まえて、後見人自らが適切に判断しなければなりません（裁判所ウェブサイト「裁判手続　家事事件Ｑ＆Ａ」第11「成年後見人が本人のマイナンバーを取り扱う場合に、注意することはありますか」）。

　個人情報保護法とは異なり、本人の同意があったとしても、法令で定められた利用範囲の事務以外で個人番号を利用することは禁止されますし、当初の利用目的を超えて利用することもできません（マイナンバー法９条）。また、個人番号の提供や収集・保管についても、一定の制限があります（同法19条・20条）。

　後見人が本人の個人番号を取得した場合には、これを厳重に管理することは当然ですが、個人番号を利用する必要がなくなったときは、復元できない方法で速やかに削除または廃棄しなければなりません。

(C)　個人情報の適切な取扱いをするための注意点

　個人情報の管理が不適切であったことによって、本人に思わぬ不利益が及ぶことがあります。後見人としては、個人情報の流出を防ぎ、これを適切に取り扱うためには、少なくとも以下のような注意をしておくべきでしょう。

　たとえば、後見人としての職務に関するデータを保存しているノート型パソコンやUSBメモリを電車内に置き忘れない、車上荒らしなどの被害にあわないように気を付ける、ファクシミリの誤送信をしない、後見人の職務に関してやりとりをした紙を捨てる場合はシュレッダー等で完全に裁断する、などといった当たり前のことが、個人情報を適切に管理するための第一歩です。

　特に、パソコンの普及によって、後見の事務を管理することはとても便利になった反面、コンピュータウィルスの感染などによって保存されている大量のデータが流出すると、取り返しのつかない極めて深刻な事態を招くことになります。

(3)　市民後見人の活動において個人情報・プライバシーにかかわる場面

(A)　第三者に対する情報開示

　個人情報保護法では、個人に関する情報を第三者に提供する場合、原則として、本人から事前に同意を得ることが必要とされています。ただし、以下の場合には、本人の同意は不要です。

①　法令に基づく場合

②　人の生命・身体・財産を保護するために必要がある場合で、本人の同意を得ることが困難であるとき

③　公衆衛生の向上または児童の健全な育成のために特に必要がある場合で、本人の同意を得ることが困難であるとき

④　国・公共団体等に協力する必要がある場合で、本人の同意を得ることによりその事務の遂行に支障を及ぼすおそれがあるとき

後見人が家庭裁判所や監督人に対して行う後見事務の報告は、①の法令に基づく場合にあたりますから、本人の同意は不要です。また、後見人が医療情報を病院等に提供する行為は、②の人の生命・身体を保護するために必要がある場合にあたると考えられますから、同じく本人の同意は不要となります。

なお、後見人が管理する特定個人情報（マイナンバーをその内容に含む個人情報）についても、人の生命、身体または財産の保護のために必要がある場合において、本人の同意があり、または本人の同意を得ることが困難であるときは、これを行政機関等に提供することができるとされています（マイナンバー法19条13号）。

(B)　成年後見センター（中核機関等）への個人情報の提供

市民後見人が後見業務を行うにあたって成年後見センター（中核機関等）から助言を受けることは、業務を行うにあたって独善や過ちを防ぎ、公正性を確保し、本人の財産権を含む権利や利益を保護することにつながります。そのためには、本人についての一定の情報を成年後見センター（中核機関等）に提供することが必要です。

成年後見センター（中核機関等）が監督人に選任されていれば、(A)①の「法令に基づく場合」に該当しますから、本人の同意を要せず、個人情報を提供することができます。

また、市民後見人が困難事例等に適切に対応するためには、専門職等による支援と、日常的な後見事務等について相談できる体制が不可欠ですが、後見業務についての相談・支援をする際にも、本人の個人情報・プライバシーが保護されるよう、十分に注意する必要があります。

具体的には、成年後見センター（中核機関等）において、個人情報を適正に取り扱うルールを定めたうえで、匿名性を徹底することや資料のマスキング（黒塗り）等の加工を施すことによって、特定の個人を識別できないようにすることが必要となるでしょう。

(C)　親族に対する個人情報の提供

後見の事務を行う中で、本人の財産状況などについて親族から問合せを受けることが少なくありません。

このような場合、被後見人のプライバシー保護の観点から、本人に関する情報を、（第三者である）親族に提供する必要はありません。

しかし、一切の情報を提供しない態度をとると、それまでの良好な関係が崩れ

第2章

てしまうかもしれません。そうすると、その親族が本人の身上保護に積極的に貢献しているような場合などには、本人の不利益となってしまうことがあります。ケース・バイ・ケースで判断するしかありませんが、財産状況などについての概要を説明することが許容される場合もあると思われます。

　もっとも、将来の相続をめぐって推定相続人間に争いがあるような場合などには、特定の親族に本人の財産に関する情報を示すことでかえって紛争を増幅させることとなりますし、ときには後見人がその争いに巻き込まれてしまうこともあります。こうしたケースでは、家庭裁判所と相談しながら、家庭裁判所の記録閲覧という方法があることを伝えるなど、慎重な対応が求められます。

（第2章Ⅲ⑥　田代　政和）

7　成年後見登記の制度

(1)　成年後見登記の制度の概要

　成年後見登記制度とは、後見人の権限や任意後見契約の内容などをコンピュータ・システムによって登記し、登記官が登記事項を証明した登記事項証明書（登記事項の証明書または登記されていないことの証明書を指します）を発行することによって登記情報を開示する制度です。

(A)　法定後見登記の手続

　法定後見の登記については、後見等の開始の審判がされたときに、裁判所からの嘱託（しょくたく）によって、後見等の開始の審判ごとに、その内容など所要の事項を記録することによって行われます。そのため、後見人に選任されたからといって、最初の登記の手続を行う必要はありません。

　裁判所からの嘱託による登記がされる場合を除き、①被後見人や後見人の氏名、住所等に変更が生じた場合、②被後見人が死亡した場合には、後見人は、変更の登記または終了の登記の申請をしなければなりません（後見登記法7条1項・8条1項・2項）。

　また、被後見人の親族その他利害関係人もこれらの登記の申請をすることができます（後見登記法7条2項、8条3項）。

(B)　法定後見登記の証明書

　登記された後見人の権限等の内容については、登記官が登記事項を証明した登記事項証明書を発行することによって公証されます。

　登記事項証明書は、たとえば、成年後見人が、本人に代わって財産の売買や介

護サービス提供契約などを締結するときに、取引相手に対し登記事項証明書を提示することによって、代理権があることを証明するなどのために利用されます。また、登記されていないことの証明書については、自己が被後見人でないことを証明する場合等に利用されるもので、これにより取引の安全が図られます。

　登記事項証明書を請求することができるのは、取引の安全の保護と本人のプライバシー保護の調和を図る観点から、登記されている本人、その配偶者・4親等内の親族、後見人などの一定の人に限定されています（後見登記法10条）。配偶者または4親等内の親族が請求する場合には、親族関係を証する書面として戸籍謄抄本等の添付が必要となります（後見登記等に関する省令18条1項）。したがって、取引の相手方等の第三者は、登記事項証明書を請求することができません。

(2)　成年後見登記（登記事項証明書）の見方

　ここでは、市民後見人としてその権限等を証明するために利用することとなる法定後見に関する登記事項証明書に基づいて、成年後見登記の見方について説明します。

　なお、登記事項証明書については、東京法務局民事行政部後見登録課または全国の法務局・地方法務局の本局戸籍課の窓口で請求する方法と、東京法務局民事行政部後見登録課に郵送またはオンラインを利用して請求する方法があります（申請書について、図表3−8）。

(A)　登記事項証明書（図表3−9・3−10）

　法定後見における登記項目は、①後見、保佐または補助の種別、②後見等開始の裁判、③被後見人、④後見人、⑤監督人に関するものであり、以下の事項が登記されます。

　なお、特別の請求がある場合には、住所等の変更前の登記事項が記載されます。

(a)　後見等の種別に関する事項（図表3−9①）

　登記の種別により、後見、保佐または補助のいずれかの表示がされます。後見の登記がされた場合は、「後見」と表示されます。

(b)　後見等開始の裁判に関する事項（図表3−9②）

　後見等の開始の審判ごとに登記記録が編成されますので、どのような審判に基づいて登記記録が編成されたのかを明らかにするために、登記されるものです。「後見開始の裁判」「保佐開始の裁判」または「補助開始の裁判」と表示され、開始の審判をした裁判所、審判等の事件の表示、確定の年月日、登記の年月日および登記番号が登記されます。

(c)　被後見人に関する事項（図表3−9③）

成年被後見人、被保佐人または被補助人の氏名、生年月日、住所および本籍（外国人の場合は国籍）が登記されます。

(d) 後見人に関する事項（図表3－9④）

成年後見人、保佐人または補助人の氏名、住所、選任の裁判の確定日および登記年月日が登記されます。また、保佐または補助の場合は、審判の内容に応じて、代理権や同意権に関する事項が登記されます（図表3－11）。

㋐ 代理権に関する事項

成年後見人については、法律上、本人の法定代理人として本人の財産に関する法律行為について、当然に本人を代理する権限が与えられていますので、登記事項の証明書には、成年後見人の代理権についての登記はされません。

保佐人または補助人は、成年後見人と異なり、当然に代理権を有しているものではなく、家庭裁判所の審判において特定の法律行為に限定して代理権が付与されることになります。付与された場合には、その「代理権の範囲」が登記され、その内容が「代理行為目録」として別紙に記載されます。

㋑ 同意権に関する事項

保佐人または補助人について、同意を得ることを要する行為が定められた場合には、その旨の登記がされます。

保佐人の同意権について、本人が重要な財産行為を行うときは、保佐人には、法律上、同意権（取消権）が与えられています。この重要な財産行為は、民法13条1項1号から9号までに規定されているものですが、法律上当然に保佐のすべてに適用されますので、登記はされません。民法13条1項以外の行為（ただし、日用品の購入その他日常生活に関する行為を除きます）について、保佐人の同意を要する旨の審判がされた場合（同意権の範囲が拡張された場合）には、「同意を要する行為」が登記がされ、その内容が「同意行為目録」として別紙に記載されます。

補助人の同意権については、民法13条1項に規定された保佐人の同意を要する事項の一部に限られます。同意権付与の審判がされた場合には、「同意を要する行為」が登記され、その内容が「同意行為目録」として別紙に記載されます。

(e) 監督人に関する事項（図表3－9⑤）

監督人が選任された場合は、監督人の氏名、住所、選任の裁判確定日および登記年月日が登記されます。監督人が選任された場合のみ登記されますので、選任されていない場合は表示されません。

(f) 事務の共同・分掌の定めに関する事項（図表3－9④⑤）

　1人の被後見人に対して、複数の後見人または監督人が選任される場合があります。この場合は、すべての後見人および監督人の登記がされます。

　複数の後見人または監督人が選任された場合には、原則として、おのおの単独でその権限を行使することができます。ただし、家庭裁判所は、①数人の後見人または監督人が共同してその権限を行使すべき旨、または、②数人の後見人または監督人がその事務を分掌（分担）して権限を行使する旨を定めることができます。この場合には、後見人または監督人の項目に「事務の共同・分掌の定め」が登記され、①複数の後見人または監督人が共同して権限を行使すべき旨が記載された「権限行使の定め目録」または②それぞれの後見人または監督人が行うべき事務が記載された「権限行使の定め目録」として別紙に記載されます。

(g)　後見等が終了した場合

　被後見人の死亡により、終了の登記申請がされると、被後見人の死亡年月日および後見等の終了の旨が登記され、その被後見人についての登記記録が閉鎖されます。この場合は、閉鎖登記事項証明書によって公示されます。この証明書には、次の要領で終了に関する事項が登記されます。

【成年被後見人の死亡による終了日】令和元年5月10日
【登記年月日】令和元年5月17日（閉鎖）

(B)　登記されていないことの証明書（図表3－12）

　後見等を受けていないことを証明する場合には、登記されていないことの証明書の請求をすることができます（後見登記法10条）。

　証明される事項は、成年被後見人、被保佐人または被補助人でないことなどです。それぞれ個別に請求することができますが、利用者の利便性を考慮して、申請書には「成年被後見人、被保佐人とする記録がないこと」「成年被後見人、被保佐人、被補助人とする記録がないこと」または「成年被後見人、被保佐人、被補助人、任意後見契約の本人とする記録がないこと」の3種類があらかじめ用意されています。

（第2章Ⅱ7　小林　祥之）

図表3－8　登記事項証明申請書

登 記 事 項 証 明 申 請 書

（成年後見登記用）

_____法務局　御 中

年　　月　　日申請

□ **閉鎖登記事項証明書（閉鎖された登記事項の証明書を必要とする場合はこちらにチェックしてください。）**

請求される方 （請求権者）	住　　　所		収入印紙を 貼るところ
	（フリガナ）		収入印紙は割印 をしないでここに 貼ってください。
	氏　　　名	㊞ 連絡先（電話番号　　　－　　　－　　　）	
請求される 方の資格	1 □ 本人（成年被後見人，被保佐人，被補助人，任意後見契約の本人，後見・保佐・補助命令の本人） 2 □ **成年後見人**　　6 □ 成年後見監督人 7 □ 保佐監督人 8 □ 補助監督人 3 □ **保佐人**　　　　9 □ 任意後見監督人 10 □ **本人の配偶者** 4 □ **補助人**　　　11 □ **本人の四親等内の親族** 12 □ 未成年後見人 5 □ **任意後見受任者**　13 □ 未成年後見監督人 14 □ 職務代行者 15 □ 財産の管理者 　　（任意後見人）　16 □ 本人の相続人 17 □ 本人の相続人以外の承継人		印紙は申請書ご とに必要な通数分 を貼ってください。
代 理 人 （上記の方から 頼まれた方）	住　　　所		**収入印紙は 1通につき 550円です**
	（フリガナ）		（ただし，1通の枚
	氏　　　名	㊞ 連絡先（電話番号　　　－　　　－　　　）	数が50枚を超え た場合は，超える 50枚ごとに100円 が加算されます）
添 付 書 類 下 記 ㊟ 参 照	□ 戸籍謄本または抄本など本人との関係を証する書面 （上欄中 10, 11, 12, 13, 16, 17 の方が申請するときに必要。発行から3か月以内の原本） □ 委任状（代理人が申請するときに必要） □ 法人の代表者の資格を証する書面 （請求される方が法人であるとき，代理人が法人であるときに必要。いずれも発行から3か月以内の原本）		
後見登記等 の種別及び 請求の通数	□ 後見　□ 保佐　□ 補助　　　　　（　　　通） □ 任意後見契約　　　　　　　　　　（　　　通） □ 後見命令　□ 保佐命令　□ 補助命令（　　　通）		
特別の請求	□ 氏名や住所等の変更履歴を必要とする場合はこちらにチェックして，必要な理由を記入してください。 理由：		

● 登記記録を特定するための事項

（フリガナ）		本 人 確 認 書 類 □請 求 権 者 □代　理　人
本人の氏名 （成年被後見人等）		□運 転 免 許 証 □健 康 保 険 証
（登記番号がわかっている場合は，記入してください。）		□マイナンバーカード □住 基 カ ー ド
登 記 番 号	第　　　　－　　　　号	□資格者証明書 　□弁 護 士
（登記番号が不明の場合に記入してください。）		□司 法 書 士 　□行 政 書 士
本人の生年月日	明治・大正・昭和・平成・令和／西暦　　年　　月　　日生	□そ の 他 □パ ス ポ ー ト
本人の住所 （登記上の住所）		□（　　　　　　）
または本人の本籍 （国籍）		□封 筒

交付通数		交付枚数 （合計）	手 数 料	交付方法	受			
50枚まで	51枚以上				付	年	月	日
				□窓口交付	交			
				□郵送交付	付	年	月	日

記入方法等　1　二重線の枠内の該当事項の□に ☑ のようにチェックし，所要事項を記入してください。
　　　　　　　2　「登記記録を特定するための事項」には，登記番号がわかっている場合は，本人の氏名と登記番号を，不明の場合は
　　　　　　　　本人の氏名・生年月日・住所または本籍（本人が外国人の場合には，国籍）を記載してください。
　　　　　　　3　郵送請求の場合には，返信用封筒（あて名を書いて，切手を貼ったもの）を同封し下記のあて先に送付してください。
　　　　　　　申請書送付先：〒102-8226　東京都千代田区九段南 1-1-15　九段第2合同庁舎
　　　　　　　　　　　　　　　　　東京法務局民事行政部後見登録課

㊟　窓口請求の場合は，請求される方（代理請求の場合は代理人）の本人確認書類（運転免許証・健康保険証・マイナンバーカー
　　ド・パスポート等）を窓口で提示していただきますようお願いいたします。
　　郵送請求の場合は，申請書類とともに，上記本人確認書類のコピーを同封していただきますようお願いいたします。
　　申請書に添付した戸籍謄本等の還付（返却）を希望される場合は，還付のための手続が必要です。

図表3-9　登記事項証明書（成年後見人の場合）

登　記　事　項　証　明　書

| 後　見 | ①

後見開始の裁判
　　【裁　判　所】○○家庭裁判所
　　【事件の表示】令和元年（家）第××××号
　　【裁判の確定日】令和元年5月10日　　　　　　②
　　【登記年月日】令和元年5月17日
　　【登記番号】第2019—××××号

成年被後見人
　　【氏　　　名】後見一郎
　　【生年月日】昭和20年11月16日
　　【住　　　所】東京都○○区○○1丁目1番1号　　③
　　【本　　　籍】東京都○○区○○1丁目2番地

成年後見人
　　【氏　　　名】後見二郎
　　【住　　　所】東京都○○区○○1丁目1番2号
　　【選任の裁判確定日】令和元年5月10日
　　【登記年月日】令和元年5月17日
　　【事務の共同・分掌の定めの裁判確定日】令和元年5月10日
　　【事務の共同・分掌の定め】別紙目録記載のとおり
　　【登記年月日】令和元年5月17日

成年後見人
　　【氏　　　名】後見三郎　　　　　　　　　　　　　　　　　④
　　【住　　　所】東京都○○区○○1丁目1番3号
　　【選任の裁判確定日】令和元年5月10日
　　【登記年月日】令和元年5月17日
　　【事務の共同・分掌の定めの裁判確定日】令和元年5月10日
　　【事務の共同・分掌の定め】別紙目録記載のとおり
　　【登記年月日】令和元年5月17日

成年後見監督人
　　【氏　　　名】成年四郎
　　【住　　　所】東京都○○区○○1丁目1番4号
　　【選任の裁判確定日】令和元年5月10日　　⑤
　　【登記年月日】令和元年5月17日

上記のとおり後見登記等ファイルに記録されていることを証明する。
　　　　　令和元年7月23日

　　　　　　　　　東京法務局　登記官　　○　○　○　○　　　| 印 |

（※実際の証明書では，用紙が数枚にわたる場合，認証文のみ最終頁に付与されます。）
　　　　　　　　　　　　　　　　　［証明書番号］　2019-XXXX-XXXXX（1/2）

第2章

```
　　　登 記 事 項 証 明 書（別 紙 目 録）

                                            ┌─────────┐
                                            │  後　見  │
                                            └─────────┘
権限行使の定め目録

┌──────────────────────────────────────────────────────┐
│                     権限行使の定め目録                 │
│                                                        │
│  ※　共同行使の場合の例                                 │
│  成年後見人後見二郎及び成年後見人後見三郎は，共同して権限を行使しなければな │
│  らない。                                              │
│                                                        │
│                                                        │
│                                                        │
│                                                        │
│                                                        │
│                                                        │
│                                                        │
│                                                        │
│                                                        │
│                                                        │
│                                                        │
│                                                        │
│                                                        │
│                                                        │
│                                                        │
│                                                        │
└──────────────────────────────────────────────────────┘

登記年月日　令和元年 5 月17日      ［証明書番号］ 2019-XXXX-XXXXX （2/2）
```

```
┌─────────────────────────────────────────────────────────────┐
│                                                               │
│        登 記 事 項 証 明 書（別 紙 目 録）                      │
│                                                ┌──────────┐   │
│                                                │  後　見  │   │
│                                                └──────────┘   │
│  権限行使の定め目録                                           │
│  ┌─────────────────────────────────────────────────────┐    │
│  │                                                       │    │
│  │              権限行使の定め目録                       │    │
│  │                                                       │    │
│  │    ※　事務分掌の場合の例                             │    │
│  │  1　成年後見人後見二郎は，成年被後見人の財産管理の事務を分掌する。│
│  │  2　成年後見人後見三郎は，1記載以外の事務を分掌する。  │    │
│  │                                                       │    │
│  │                                                       │    │
│  │                                                       │    │
│  │                                                       │    │
│  │                                                       │    │
│  └─────────────────────────────────────────────────────┘    │
│                                                               │
│  登記年月日　令和元年5月17日      ［証明書番号］　2019-XXXX-XXXXX（2/2）│
└─────────────────────────────────────────────────────────────┘
```

第2章

図表3－10　登記事項証明書（保佐人の場合）

登　記　事　項　証　明　書

保　佐

保佐開始の裁判
　　【裁　判　所】○○家庭裁判所
　　【事件の表示】令和元年（家）第××××号
　　【裁判の確定日】令和元年5月10日
　　【登記年月日】令和元年5月17日
　　【登記番号】第2019－××××号

被保佐人
　　【氏　　　名】後見一郎
　　【生年月日】昭和20年11月16日
　　【住　　　所】東京都○○区○○1丁目1番1号
　　【本　　　籍】東京都○○区○○1丁目2番地

保佐人
　　【氏　　　名】後見二郎
　　【住　　　所】東京都○○区○○1丁目1番2号
　　【選任の裁判確定日】令和元年5月10日
　　【登記年月日】令和元年5月17日
　　【代理権付与の裁判確定日】令和元年5月10日
　　【代理権の範囲】別紙目録記載のとおり
　　【登記年月日】令和元年5月17日
　　【同意を要する行為の定めの裁判確定日】令和元年5月10日
　　【同意を要する行為】別紙目録記載のとおり　（略）
　　【登記年月日】令和元年5月17日

保佐監督人
　　【氏　　　名】成年三郎
　　【住　　　所】東京都○○区○○1丁目1番　令和元年5月
　　【選任の裁判確定日】令和元年5月10日
　　【登記年月日】令和元年5月17日

上記のとおり後見登記等ファイルに記録されていることを証明する。
　　　　令和元年7月23日

　　　　　　　　　東京法務局　登記官　　○　○　○　○　　㊞

（※実際の証明書では，用紙が数枚にわたる場合，認証文のみ最終頁に付与されます。）
　　　　　　　　　　　　　　［証明書番号］　2019-XXXX-XXXXX（1/3）

図表3－11　保佐・補助の場合の代理行為目録・同意行為目録（例）

① 保佐の場合の代理行為目録

登　記　事　項　証　明　書（別紙目録）

保　佐

代理行為目録

代　理　行　為　目　録

1　預貯金等の金融機関等との取引
2　預貯金口座の開設及び当該預貯金に関する取引
3　その他の事件本人と金融機関との取引
4　介護契約（介護保険制度における介護サービスの利用契約，ヘルパー・家事援助者等の派遣契約等を含む）の締結・変更・解除及び費用の支払い
5　福祉関係施設への入所に関する契約（有料老人ホームの入居契約を含む。）の締結・変更・解除及び費用の支払い
6　医療契約及び病院への入院に関する契約の締結・変更・解除及び費用の支払い
7　税金の申告
8　弁護士に対して訴訟行為及び民事訴訟法第55条第2項の特別授権事項について授権すること
9　以上の各事務に関連する一切の事項

登記年月日　令和元年5月17日　　　　［証明書番号］　2019-XXXX-XXXXX（2/2）

第2章

②　補助の場合の代理行為目録

登　記　事　項　証　明　書（別　紙　目　録）

補　助

代理行為目録

代　理　行　為　目　録

1　預貯金の管理（口座の開設・変更・解約・振込み・払戻し）
2　定期的な収入（家賃収入・年金等の受領）の管理
3　定期的な支出（ローン支払い，家賃支払い・病院費用等）の管理
4　実印・銀行印・印鑑登録カード等の保管に関する事項
5　介護契約等に関する事項
　(1)　介護サービスの利用契約
　(2)　老人ホームの入居契約
6　医療（病院等への入院等）契約の締結・変更・解除

登記年月日　令和元年5月17日　　　　　　［証明書番号］　2019-XXXX-XXXX（2/4）

③ 補助の場合の同意行為目録

登 記 事 項 証 明 書 (別 紙 目 録)

補 助

同意行為目録

同 意 行 為 目 録

1　借財又は保証をなすこと
2　不動産その他重要な財産に関する権利の得喪を目的とする行為をなすこと
3　新築，改築，増築又は大修繕をなすこと

登記年月日　令和元年5月17日　　　　　[証明書番号]　2019-XXXX-XXXX（3/4）

第2章

図表3−12 登記されていないことの証明書

登記されていないことの証明書

①氏　　　名	甲　野　太　郎

②生年月日　明治　大正　昭和　令和　又は　西暦　□　□　☑　□　□　｜　｜ 2 8 年　｜ 8 月　1 9 日

③住　　　所	都道府県名　　東　京　都	市区郡町村名　　〇〇区

丁目大字地番

〇〇 1 丁目 1 番 2 号

④本　　　籍　□　国籍	都道府県名　　東　京　都	市区郡町村名　　〇〇区

丁目大字地番（外国人は国籍を記載）

〇〇 1 丁目 1 番地

　上記の者について，後見登記等ファイルに成年被後見人，被保佐人，被補助人とする記録がないことを証明する。

　　　令和元年 5 月23日

　　　　　　　　　　　　　東京法務局　登記官　　〇　〇　〇　〇　　　㊞

　　　　　　　　　　　　　　　　　　［証明書番号］　2019A-XXXXX-XXXXX

Ⅲ　財産管理

●この節で学ぶこと●

　成年後見人の就任中に行うことになる財産管理事務の具体的な内容を学習します。また、本人が消費者被害にあった場合に成年後見人はいかに対応すべきかについても学習します。

　なお、保佐人・補助人の場合は、与えられた同意権（取消権）および代理権の範囲で事務を行うことになるので、注意しましょう。

1　はじめに

　ここでは、主として成年後見人の事務を中心に説明します。保佐人・補助人の場合は、与えられた代理権の範囲内において事務を行うことになりますので、関係する部分を参考にしてください。

2　重要な動産の保管

(1)　成年後見人が保管する重要な動産

　成年後見人は、重要な動産を保管します。重要な動産としては、以下のようなものがあります。

　① 　預貯金の通帳・証書

　② 　株券

　③ 　不動産の権利証・登記識別情報通知書

　④ 　年金証書

　⑤ 　高額な貴金属

(2)　動きのある普通預金・定期預金の通帳を保管する方法

　これらは、通常、成年後見人の自宅の金庫や鍵のかかる引出しに保管するか、または後見実施機関である成年後見支援センター（中核機関）の金庫で保管するなどして、盗難のおそれのないように十分に気を付けて管理する必要があります。

(3) 高額預貯金の通帳、定期預金証書、株券、不動産の権利証・登記識別情報通知書、年金証書等を保管する方法

これらは、成年後見支援センター（中核機関）の金庫を借りて保管したり、金融機関等の貸金庫で保管することが望ましいでしょう。

ただし、上場会社の株式については、現在ではすべて電子化により株券が廃止され、信託銀行の特別口座や証券会社の特定口座で、電子データとして管理されています。したがって、上場会社の株券を所持していることは、法的には意味がありません。

(4) 本人が貸金庫を利用していた場合

金融機関や支店ごとに取扱いが異なりますが、通常は、成年被後見人が利用していた貸金庫については、成年後見人の届出をすることによって、そのまま使用することができます。貴金属等はこの貸金庫に保管するとよいでしょう。なお、成年後見人が成年被後見人名義で新たに貸金庫を借りることも可能でしょう。

(5) 通帳の整理やペイオフ対策が必要な場合もある

人によっては、非常に多くの通帳を持っていることがあります。このような場合、残高が少ない口座の通帳については、解約して、管理する通帳の数を少なくすることを検討することも考えられます。

また、高額の預貯金を持っている人の場合には、ペイオフ対策を考える必要もあります。決済用預金（通常の預金とは異なり、利息はつかないが預金全額が保護されます）とすることや、1000万円を限度としてその超える部分を別の金融機関に預金すること、経営状態がよいと思われる金融機関へ1000万円を超えて預金することを検討する必要もあるでしょう。

3 預貯金の管理とその方法

(1) 通帳の記入

財産管理事務の中で最も基本的な事務が、通帳記入の方法による入出金の管理です。

本人の収入は、年金、各種福祉手当を問わず、金融機関の口座に振り込まれることが通常と思われます。ですから、これらが確実に入金されているかどうかを、通帳記入によって確認する必要があるのです。なお、この意味からも、本人への入金がある場合には、できるだけ口座振込みの手続をしておくことが必要です。同様に、定期的な費用の支払いについても、口座引落しにしておくとよいでしょ

う。

　なお、年金に関しては、現況届に注意してください。これを忘れると、年金の支払いがストップしてしまいます。現在では、公的年金についてはこの現況届は不要とされていますが、それ以外の年金（企業年金、生命保険年金、かんぽ年金等）については、依然として必要とされています。

★用語解説★

● 現況届

　「現況届」とは、毎年、年金を受給している人が、今後も引き続き年金を受給できる状況にあるかどうかを確認する書類です（多くの場合、ハガキに必要事項を記入して提出する形式です）。

　公的年金については、平成23年7月から、住民基本台帳ネットワークから受給者の住所等が確認できるようになったことから、この「現況届」は原則として不要となりました。

　障害年金の場合も同様ですが、障害年金には、有期認定と永久認定があります。有期認定は、1〜5年の範囲で障害の変化を確認するために、診断書形式の「障害状態確認届」の提出が要求されます。症状が固定しており、この提出を求めないのが「永久認定」です。

---

(2)　口座振込み・口座引落しをする場合の口座名義の記載

　口座振込みや口座引落しをする場合に、本人の通帳上の名義をどうするかという問題があります。金融機関によって、「本人名義」とするか、「◇◇成年後見人○○」名義とするかの2通りがありますが、振込先または引落先として、どのように記載するかは異なる場合もありますので、金融機関に確認する必要があります。

(3)　キャッシュカードの取扱いには注意が必要

　金融機関や支店によって、成年後見人にキャッシュカードを発行するかどうかの取扱いが異なります。

　キャッシュカードの発行が認められる場合は、後見事務を効率的に行うことができるので、キャッシュカードを使用することも考えられます。ただし、使用する際には、キャッシュカードの保管や暗証番号の管理など、十分な注意が必要になります。たとえば、暗証番号を記載したメモといっしょにキャッシュカードを保管することは避けるべきです。

第２章

4　必要な費用の支払いと注意点

(1)　口座引落しができない費用の支払い

口座引落しができない費用の支払いについては、成年後見人が行うことになります。

こういった費用の支払いは、「◇◇成年後見人○○」名義の口座を新規に作成してそこから振り込むか（なお、本人だけの名義の口座となる金融機関もあります）、または、成年後見人の届出をした既存の口座から振り込むことになります。この場合、後日に領収書と照らし合わせることを考えると、たとえ同じ支払先であっても、施設入所費や特別な支出などその内容に応じて、別々に振り込み、通帳にその内容を記載しておくとわかりやすいでしょう。

また、口座振込みをするまでもない小口現金からの支払いについては、金銭出納帳に記載し、あわせて領収書を保管しておきます。

なお、現金をＡＴＭで振り込む場合は、10万円以下に限定されていますので、注意しましょう。

領収書は、日付けの順に、スクラップブック、ノート、コピー用紙などに貼り付けて保存しておくと整理しやすいでしょう。この場合、後日にコピーをとる必要が出たときに備え、領収書同士が重ならないように貼り付けておくようにします。また、公共交通機関の交通費のように領収書がない場合には出金伝票にその内訳を書いて貼り付けておく、小口現金の入金があった場合にも、同様に入金伝票に内訳等を書いて貼り付けておくという方法もあります。

小口現金が足りなくなってやむを得ず成年後見人が立て替える場合も出てくるかもしれませんが、長期にわたる立替えは、避けたほうがよいでしょう。なお、小口現金の残高は高額にならないよう注意してください。

(2)　成年後見人自身が本人のために支出した費用の清算と注意点

成年後見人自身が本人のために支出した費用（たとえば、成年被後見人を訪問するための交通費など、職務を行ううえで必要となる経費）は、小口現金から支出し、金銭出納帳に記載します。

ただし、本人の財産はあくまで本人の財産です。くれぐれも、成年後見人自身の支出する費用と、成年後見人が本人のために支出する費用とを混同しないように注意してください。

本人のために支出する費用で問題になるものとしては、以下のようなものがあ

ります。

① 　交通費　　交通費は、バスや電車といった公共交通機関の費用が原則となります。タクシー代は、適当な公共交通機関がないなど、タクシーを利用するのが必要でやむを得ない場合にのみ計上できると考えられます。いつもタクシーを利用するような場合には、家庭裁判所に相談してください。

② 　ガソリン代　　自分の車を使って成年被後見人を訪問するなどし、そのガソリン代を計上することは、適正でない場合があります。事前に家庭裁判所と打合せをしておくことが必要でしょう。

③ 　電話代・郵便代等の通信費や事務消耗品費　　本人のために支出した費用として認められます。領収書のないものは、金銭出納帳に支出として計上したうえで、前に説明したように、出金伝票に記載して保管することになるでしょう。また、切手については、必要となるたびに購入して使うのが原則ですが、成年後見人の費用でまとめ買いをしておき、使用するつど、同様に出金伝票に書いて保管するという方法も考えられます。

(3)　本人の親族から費用の請求があった場合の対応

(A)　本人の親族から生活費等の請求があった場合

(a)　配偶者からの場合

夫婦は生計を１つにしていることが通常です。配偶者の一方が無収入であったり、生活費を賄えるほどの収入がない場合は、他方の配偶者が生活費を負担していることが多いと思います。

夫婦間では、その資産、収入その他一切の事情を考慮して、婚姻から生ずる費用を分担する必要があります（民法760条）。ですから、生活費を負担しているのが成年被後見人である場合は、配偶者の生活費として不足する分について、成年後見支援センター（中核機関）や家庭裁判所と相談したうえで、成年後見人が本人の財産から支出することになるでしょう。

(b)　未成年の子や障害をもった子がいる場合

成年被後見人に、未成年の子や障害をもった子がいる場合があります。そのようなときは、子に対する親の扶養義務（民法877条１項）の一環として、その子の収入で足りない生活費について、成年後見支援センター（中核機関）や家庭裁判所と相談したうえで、成年後見人が本人の財産から支出することになるでしょう。

(c)　成年者である子からの場合

成年者である子から生活費を請求されることがあります。この場合には、原則として、成年被後見人の財産から支出すべきではありません。その子が失業して

第２章

無職であるような場合は、就職活動を促す一方、生活保護の申請をするように促すべきです。就職が決まるまでの間、あるいは生活保護を受給できるようになるまでの間については、支援する余地があるかもしれませんが、この場合でも、生活費分を貸し付けるといった方法も検討すべきでしょう。

いずれにしても、難しい問題ですから、後見実施機関である成年後見支援センター（中核機関）や家庭裁判所と相談したうえで判断する必要があります。

(B)　本人の親族から介護報酬などの請求があった場合

本人が在宅で生活している場合は、親族が本人を介護をしていることもあります。このような場合、その親族に対して介護報酬などの支払いをすることができるか、あるいは、その親族から介護報酬などを支払ってほしいという請求があった場合は支払わなければならないか、という問題があります。

支払いが認められる場合もありますが、成年後見支援センター（中核機関）や家庭裁判所と相談して判断すべきでしょう。

なお、施設に入所している本人に面会に行った親族から、その日当・交通費等を要求される場合があります。このような場合、成年後見人として本人の財産から支出することは慎むべきでしょう。仮に成年後見制度を利用していない場合、入所している本人に親族が面会に行くことについて日当や交通費を要求するということは、通常では考えられないからです。ただ、親族が面会にくることを本人が楽しみにしているといったような事情がある場合は、交通費程度を支出することは、考えられないわけではありません。いずれにしても、判断に迷う場合は、成年後見支援センター（中核機関）や家庭裁判所に相談するとよいでしょう。

5　本人がもっている株式・国債・投資信託等の管理

(1)　処分するか、そのまま凍結しておくか

本人の資産の中に株式・国債・投資信託などといった投資型の金融商品があった場合、これを速やかに処分すべきか、それともそのまま凍結して管理すべきか、判断することが必要となります。この場合の対応としては、以下の3通りの方法が考えられます。

① 即座に解約・売却して、預貯金として管理することが考えられます。これは東京家庭裁判所後見センターの見解です。同センターは、「元本の保証されない契約についてはできるだけ早急に解約すべき」としています（東京家裁後見問題研究会編著『東京家裁後見センターにおける成年後見制度運用の状況

と課題』112頁)。

②　本人の意思を尊重してそのまま保有することが考えられます(凍結)。

③　相場の状況、現金化の必要性を勘案して、適時に売却するということも考えられます。ただし、これは適切ではありません。利益が出ているうちに処分して現金化しないのは問題ではないかという指摘もありますが、処分した後、さらに値段が上がるような場合も考えられるからです。

(2)　凍結した場合の管理の方法

凍結することとした場合、成年後見人がその株式等を管理することになります。

その場合、保管している株式等の価格が急落するようなおそれが出てくることもあり、そのようなときに株式等を処分することが成年後見人として行うべき事務と考えられるかどうかが問題となります。

たとえば、株式の処分を考えた場合、株価の変動を判断するには、ある程度の知識が必要となります。保管している株式の価格が急落するようなおそれがあるときには、本来の処分時期を逸しているとも考えられますが、それでも、いつ売却すべきかという判断をすることは、必ずしも簡単なことではないでしょう。

急落とはいえないけれど業績不良で株価が徐々に値下がりしている場合や、吸収合併・事業縮小など悪い情報が流れており株価の値下がりが予想される場合などは、適切な判断をすることはさらに困難です。

また、逆に株価が上がり、売却すると利益が出ると考えられる場合でも、その後さらに上がる可能性も否定できず、そうなるとその時点で売却することが適切であるかどうかを判断することは難しいといえます。

結局、このような投資型の金融商品がある場合は、原則として凍結を続け、株式等が急落するようなおそれが明らかであるときにはこれを処分するという対応が、比較的、適切であると考えられます。判断に迷う場合には、家庭裁判所に問い合わせて確認すべきでしょう。

本人の財産が減少し、生活を維持するために費用を捻出する必要がある場合には、株式等を売却することは成年後見人が行うべき事務といえるでしょう。この場合、たまたまその時期に株価が値下がりしていたとしても、売却することはやむを得ないと考えられます。

ただし、判断に迷う場合は、家庭裁判所に問い合わせて確認すべきです。

(3)　投資活動をすることは成年後見人の職務ではない

利殖を目的として、本人の資産で証券取引や先物取引を行ったり、リスクを伴う金融商品を購入したりすることは、成年後見人の職務ではありません。成年後

第2章

見人の職務は、本人の財産を管理することであって、本人の財産を増加させることは原則として含まれないからです。

6　不動産の管理と処分

⑴　不動産の管理（自宅建物や貸家の修理、増築・改築など）

　成年被後見人が在宅で暮らしている場合は、家屋の修理やバリアフリーにするための増築や改築等も、成年後見人の職務となります。

　一人暮らしをしていた成年被後見人が施設に入所したため、それまで住んでいた家が空き家になってしまった場合などは、本人の自宅を定期的に見回る必要があります。庭の草取りなどは、近所の人からクレームが出る前に行う必要があるでしょう。また、郵便物を回収する必要もあります。

　なお、自宅の建物が老朽化によって倒壊するおそれがあったり、放火される危険性がある場合などは、本人の健康状態や生活設計、資産の状況などを考慮したうえで、自宅を修理することや取り壊すことを含めて検討することになります。

　本人がアパートなどの賃貸物件を所有している場合は、修理を行ったり、賃借人の賃料が滞納となっている場合の交渉を行ったりします。賃貸物件の管理を成年後見人が1人で行うのは大変でしょうから、不動産会社などの専門家に管理を依頼するのも1つの方法です。

　本人が賃貸アパート等を借りて暮らしている場合や、借地上の建物を所有している場合は、家賃や地代の支払いを怠らないように注意しましょう。

　本人が自宅・貸家を問わず建物を所有している場合には、火災保険に加入しているかどうかを確認します。すでに加入していた場合は、その更新手続も必要となります。また、昨今の状況からすると、地震保険に加入することも検討する余地があるでしょう。

⑵　本人の生活に必要な費用を捻出するための不動産の売却

　本人が入院したり施設に入所したりする場合、それにかかる費用などにあてるため、本人が所有している不動産を売却することが必要になることもあります。不動産を売却する手続は専門的な知識を必要としますので、不動産仲介業者に依頼するべきでしょう。媒介価格の決定については、複数の業者を比較したうえで、より条件のよいところを選択すべきです。

　ここで注意しなければならないのは、本人の自宅を処分するには、家庭裁判所の許可が必要になることです。この点に関しては⑦で説明します。

7　居住用不動産を処分する場合の注意点

　居住用不動産の処分に関して、民法では、成年後見人、不動産の処分の代理権が付与されている保佐人・補助人について、以下のような定めをおいています（民法859条の３・876条の５第２項・876条の10第１項）。

> 　成年後見人は、成年被後見人に代わって、その居住の用に供する建物またはその敷地について、売却、賃貸、賃貸借の解除または抵当権の設定その他これらに準ずる処分をするには、家庭裁判所の許可を得なければならない。

　この規定は、本人の居住環境が変わることは、本人の心身および生活に大きな影響を与えるということを考慮して、家庭裁判所の許可を必要としたものです。

　許可を得ないで処分をした場合には、その処分は無効と考えられています。

　以下では、居住用不動産の処分を行うにあたっての注意点について説明します。

(1)　「居住用不動産」とは何か

(A)　「居住の用に供する」の意味

「居住の用に供する」とは、以下のいずれかにあたる場合であるとされています。

①　本人が生活の本拠として現に居住している場合

②　現在は居住していないが、過去に生活の本拠としての実態があった場合

③　将来、本人の居住用として利用する予定がある場合

　したがって、本人が生活の本拠として居住しておらず、居住する予定もない場合には、「居住の用に供する」にはあたりません。また、居住しているかどうかを判断するにあたっては、本人の住民票上の住所などといった形式的な基準によって判断されるのではなく、これまでの本人の生活を踏まえて実質的に判断されることになります。

(B)　「不動産」とは

不動産とは、建物またはその敷地をいいます。

(C)　居住用不動産であるか否か判断に迷う場合の考え方

　成年後見人としては、「居住の用に供する」の範囲をできるだけ広くとらえ、その処分をする際には、家庭裁判所の許可を得るべきです。「居住の用に供する」かどうかについて判断に迷う場合には、家庭裁判所に問い合わせて確認すべきでしょう。

居住用不動産であるかどうかが問題となるケースとして、以下のような場合があります。

① 　将来居住する予定で購入したが、一度も居住していない不動産

② 　かつて居住していた不動産で、そこから数度、住居を変わり、今ではまったく居住の用をなさないもの

③ 　かつて居住していた不動産ではあるが、現在は賃貸物件となっている不動産

④ 　実際に居住しなかったが、住民登録をしたことのある不動産

⑤ 　実際に居住したことはあるが、住民登録をしなかった不動産

⑥ 　居住用不動産である敷地の一部

⑦ 　かつて居住していた建物がすでになく、敷地だけになっている場合

⑧ 　現に居住し、または、かつて居住していたが、親族と共有の場合

①〜⑥は、いずれも居住用の不動産とみなされる場合があります。家庭裁判所によって対応が異なる可能性があるものです。

⑦⑧は、いずれも居住用の不動産とみなされます。

(2) 「処分」にはどのような行為が含まれるか

(A) 「処分」の意味

処分とは、単なる管理を超えて、財産の状態を変更する行為のことをいいます。具体的には、売却、賃貸、賃貸借の解除、抵当権の設定、その他これらに準ずる処分のことをいいます。

「これらに準ずる」処分とは、贈与、使用貸借契約による貸渡しおよび使用貸借契約の解除、抵当権以外の担保権の設定、信託の設定などです。

以下では、処分にあたるかどうかの判断が難しい「賃貸」「賃貸借の解除」「建物の解体・取壊し」について説明します。

(B) 賃貸、賃貸借の解除

(a) 賃貸

賃貸とは、本人が賃貸人（貸し手）となって、その不動産を他人に貸すことをいいます。建物の場合は借家権の設定のことを、土地の場合は借地権の設定のことをいいます。

なお、賃借は、本人が借り手となって新たに居住用不動産を得ることですから、家庭裁判所の許可は不要です。

(b) 賃貸借の解除

「賃貸借の解除」は、本人が賃借人である場合に、その賃貸借契約を解除する

ことです。公営住宅や賃貸アパートを解約することが一般的でしょう。売却と違って所有を失うものではないため、家庭裁判所の許可申立てをすることを忘れやすいので、特に注意する必要があります。

　なお、賃貸人として賃貸借を解除することについては、家庭裁判所の許可は必要ありません。

(c)　建物の解体・取壊し

　建物の解体・取壊しをすること自体は事実行為ですが、これを事業者に委託し、または請け負わせる行為は契約ですから、成年後見人の事務となります。居住用不動産を解体する場合、または取り壊す場合には、家庭裁判所の許可が必要であると解されています。

(3)　居住用不動産の処分を検討する際には、処分の必要性と売却した場合の価格の相当性を考慮する

(A)　処分の必要性の判断

　居住用不動産処分の許可の審判を求める申立書には、「申立ての理由」として、居住用不動産の処分の必要性を記載する必要があることから、必要性の判断が重要になります。

　たとえば、本人は常時介護が必要な状況であり、施設への入居を検討しなければならないところ、自宅を売却しなければ、施設の入居費や今後の介護費用を預貯金で賄うことができないといった事情がある場合は、自宅の売却を検討する必要があるといえるでしょう。

　これに対し、以前に居住していた不動産が空き家になっている場合について、固定資産税や維持費がかかる、遠方にあって管理が困難であるといった事情の場合は、安易に売却を考えるのではなく、本人の資産状況や負担の程度などを考慮して総合的に検討する必要があります。

(B)　処分の必要性と本人の意思との関係

　本人の意向が確認できる場合には、まず本人の意向を確認すべきです。客観的には売却の必要性があるにもかかわらず、自宅に対する本人の思い入れが深いために売却を拒否する場合もあります。そういったときは、その不動産を賃貸するなど、売却以外の方法がないかということについても検討したうえで、許可の申立てをすべきでしょう。また、現に本人が居住中の自宅の場合は、処分後の本人の居所を確保しておくことも重要です。

(C)　売却価格の相当性を担保する手段

　売却価格を相当なものにするためには、複数の不動産業者から見積りをとるこ

とが必要です。売却対象となる不動産の周辺の不動産価格については、不動産業者が詳細なデータをもっていることが少なくありません。また、大手の不動産業者でなくても、インターネットを利用して査定書を出してくれる中小不動産業者も多くあります。最近では、若干の費用を払えば、査定のみを行うといった不動産業者もあるようです。なお、売却を不動産仲介業者に依頼する場合は、算定根拠を示して媒介価格を出してくれるので、これを比べることも有用です。

　また、相続税の算定基礎となる路線価や、固定資産評価額も参考データとなります。

★用語解説★

●路線価、固定資産評価額

　路線価は、国税庁が毎年発表するもので、相続税の計算の前提となる土地の価格を算出する基礎となる金額です。これは、土地に面している道路に値段が設定されてあり、その値段をもとに土地の価格を算出するものです。例年、8月上旬に公表されていましたが、税務署に設置していた冊子の発行をやめてホームページでの閲覧に統一したという理由で、平成23年からは、公表時期が1カ月ほど早まりました。なお、税務署のホームページから、誰でも路線価を調べることができます。

　固定資産評価額は、各市町村（東京都23区の場合は都）が固定資産税を徴収するために算出した「土地・家屋」の価格のことです。3年に1回、評価替え（見直し）が行われます。通常、納税通知書に添付されている「課税資産明細」にも記載されていますが、固定資産課税台帳を閲覧して、あるいは固定資産評価証明書を取得して確認することができます。なお、固定資産課税台帳の閲覧、固定資産評価証明書の取得をすることができるのは、納税義務者またはその代理人に限られます。

8　本人が消費者被害にあった場合の対応

(1)　消費者被害への対応としての取消権の行使

　在宅で生活している高齢者や障害者の場合、判断能力が不十分であることに付け込まれ、訪問販売等により、不必要な契約、あるいは不相当に高額な契約を結んでしまうことがあります。このような場合に、その被害を回復するためには、特定商取引法等のクーリング・オフや消費者契約法等の取消権で対応することもできますが、実務的には、法定後見における取消権を行使して対応することになります。

(2)　成年後見制度における取消権 （☞第1巻第1章Ⅳ）

　まず、成年後見制度における取消権について説明しておきます。

　成年後見人の場合、成年被後見人の行った法律行為（契約）は、「日常生活に

関する行為」を除き、すべて取り消すことができます（民法9条）。「日常生活に関する行為」とは、成年被後見人の生活状況にあわせて判断されますが、通常は、食料品、衣料品、雑貨など日用必需品の購入、水道・光熱費の支払い、公共交通機関の利用料などのことをいいます（なお、成年後見人の場合は、保佐人と異なり、事前の「同意」の有無は問題になりません）。

　保佐人の場合、保佐人の事前の同意を必要とする行為について、被保佐人が同意を得ずにその法律行為をしたことを理由として、取り消すことができます。保佐人の同意を要する法律行為は、次のとおりです（民法13条1項。ただし、日常生活に関する行為を取り消すことができないことは、成年後見人の場合と同様です）。

①　元本の領収または利用（1号）　　たとえば、預貯金の払戻しや債務弁済の受領、金銭の貸付けなどです。

②　借財または保証（2号）　　たとえば、金銭を借り入れることや、保証人となることなどです。

③　不動産その他重要な財産に関する権利の得喪を目的とする行為（3号）　　相当な対価を伴う有償契約のすべてが含まれます。介護サービス利用契約や施設入所契約等もこれにあたります。

④　訴訟行為（4号）　　被保佐人が原告となって訴訟を起こすことです。相手方の提起した訴えまたは上訴に対して応じる場合は、保佐人の同意は必要ではありません。

⑤　贈与、和解、仲裁合意（5号）　　ここでいう贈与とは、贈与する場合をいいます。贈与を受ける場合は含まれません。

⑥　相続の承認もしくは放棄、遺産分割（6号）

⑦　贈与の申込みの拒絶、遺贈の放棄、負担付き贈与の申込みの承認、負担付き遺贈の承認（7号）

⑧　新築、改築、増築、大修繕（8号）　　これらの行為をするための請負契約を締結することです。

⑨　民法602条（短期賃貸借）の期間を超える賃貸借（9号）　　民法602条に定める期間を超えない賃貸借であれば、保佐人の同意は不要です。本号は、1号および3号に該当する賃貸借の範囲を限定する特則となっています。

⑩　前各号に掲げる行為を、制限行為能力者（未成年者、成年被後見人、被保佐人、補助人に同意権が付与された被補助人）の法定代理として行うこと（10号・第1巻1章Ⅳ3(4)参照）。

⑪　家庭裁判所が特に定めた行為（民法13条2項）

　補助人の場合は、家庭裁判所の審判によって与えられた同意権の範囲内に関する法律行為（契約）について、被補助人が補助人の同意を得ずに法律行為（契約）をしたことを理由として、取り消すことができます（民法17条4項）。同意の対象となる法律行為は、民法13条1項に定められた法律行為の一部です。なお、「日常生活に関する行為」は、民法13条1項に定められた行為ではありませんので（同項ただし書で除外されています）、補助人による同意の対象とすることはできません。

(3)　取消権を行使する方法

　取消権を行使するには、裁判まで起こす必要はありません。契約の相手方である事業者に対して、契約を取り消すとの意思を伝えればよいのです。

　具体的には、相手方である事業者の電話番号がわかっていれば、電話で次のように伝えればよいでしょう。

〔成年後見人の場合〕
　こちらは本人○○さんの成年後見人○○です。御社と本人との間の○○契約については、成年後見人である私の知らないところで行われたものですから、契約を取り消します。

〔保佐人の場合〕
　こちらは本人○○さんの保佐人○○です。被保佐人の○○さんが御社との間で○○契約をするには、保佐人である私の同意が必要ですが、私は同意していませんし、同意するつもりもないので、契約を取り消します。

　電話では納得しない事業者に対して、あるいは、後日の紛争を防止する意味からは、配達証明付きの内容証明郵便で、取消しの対象となる契約を特定したうえで、その契約を取り消す旨を記載した文書を送付するのがよいでしょう。

　なお、取消権を行使する場合は、その契約を取り消すことが、成年後見制度の理念の1つである「自己決定の尊重」の趣旨に反しないか、ということを考える必要があります。

　判断能力が十分にある人であっても、ときに間違った行為をすることがあり、その反省を梃子にして成長していくということも多いでしょう。判断能力が不十分な人についても同じことがいえます。その契約が客観的・社会的にみて明らかに不相当であるものであった場合、本人の経済状態からみてさほど問題がなく、本人も契約の存続を希望しているにもかかわらず、これを後見人の一方的な判断で、本人に不利な契約は一律に取り消すというのは、「自己決定の尊重」の趣旨に反するのではないでしょうか。

★用語解説★

●内容証明郵便

　誰から誰あてに、いつ、どのような内容の文書が差し出されたかを、差出人が作成した文書によって、郵便局（日本郵便株式会社）が証明するものです。その内容の文書を送ったということを証明するもので、内容の正確なことを証明するものではありません。

　取り扱っている郵便局は、集配事業所または日本郵便株式会社が指定した事業所に限られます。特定郵便局では取り扱っていません。

●配達証明（郵便）

　相手にいつ配達したかを、郵便局（日本郵便株式会社）が証明するものです。後日、郵便局から差出人に送った郵送物が相手に着いたかどうか、着いた場合にはいつ着いたのかを証明するハガキが送られてきます。

　内容証明郵便だけでは、相手に届いたかどうか、それがいつ届いたのかということまでは証明してくれませんので、内容証明郵便を送るときには、配達証明を利用したほうがよいでしょう。

●e内容証明

　日本郵便が行うインターネットによる電子内容証明サービスです。

(4)　取消権がない場合にはどう対応すればよいか

　法定後見における取消権は、後見人・保佐人・同意権のある補助人が、その契約が結ばれていることを知らなかったというだけで無条件に行使することができる制度です。

　それでは、法定後見が開始されておらず、これらの支援者がついていないときにその契約が結ばれていた場合にはどうしたらよいでしょうか（補助人にその契約についての同意権がない場合も含みます）。

　この場合は、消費者被害における救済方法を利用することになります。代表的な方法として、次のようなものがあります。

　まず、消費者関連法上の主な救済方法として以下の制度があります（☞第1巻第3章Ⅲ）。

①　クーリング・オフ（特定商取引法、割賦販売法等）

②　消費者契約法による契約取消し

次に、民法上の一般的な救済方法として、以下の制度があります。

③　契約の不成立の主張

④　意思無能力による無効

⑤　錯誤取消し、詐欺取消し、強迫取消し

⑥　公序良俗違反による無効

第2章

⑦　不法行為に基づく損害賠償請求

　なお、クーリング・オフ以外の制度では、要件の違いはありますが、取消しを主張する側に立証責任があり、法律専門家の支援が必要になるでしょう。

> ★用語解説★
>
> ●クーリング・オフ
> 　「クーリング・オフ」とは、一定の取引に関して、消費者から一方的に契約の申込みの撤回または解除をすることを認めた制度です。取引態様に応じてクーリング・オフすることのできる期間に制限がありますので、注意が必要です。その期間内にクーリング・オフすることができれば、法定後見における取消権と同様に、無条件で解約することができます。

> ★用語解説★
>
> ●立証責任
> 　裁判において、当事者がある事実を述べ、それを裏づける証拠を出すなどして審理を尽くしたけれど、裁判官にとって、ある事実の存否がどうしてもわからない場合、その事実を主張した当事者は、その事実はないものとして扱われる不利益を受けることになります。この不利益を「立証責任」といいます。したがって、その事実を自分に有利に主張した当事者は、その有利な事実に基づく判断を得られないことになりますから、自分に有利な事実は、みずから立証しなければならないことになります。
> 　以上は法律上の説明ですが、一般的には、自分に有利な事実を主張する者は、それを裏づける証拠を提出してその事実を証明しなければならないことを「立証責任」と考えておけばよいでしょう。
> 　たとえば、だまされて、品質以上に高額な布団を買ってしまった人は、相手が返金に応じてくれない以上、裁判（訴訟）を起して、そのだまされたという事実を主張し、だまされたという事実を裏づける証拠を裁判所に出さなければなりません。しかし、そのような証拠を提出することができない場合には、いかにだまされたと主張しても、裁判（訴訟）で勝訴することはできないのです。

9　利益相反とならないように注意する

　後見事務を行ううえで気を付けなければならない点に、利益相反の問題があります。

　後見人と本人との間で利害が対立する場合（利益相反）は、特別代理人・臨時保佐人・臨時補助人を選任して、その特別代理人等が、後見人に代わってその特定の事務を行うことになります。なお、監督人が選任されている場合は、その監

督人が本人を代理することになりますので、特別代理人等の選任は不要です。

　たとえば、次のように、遺産分割協議や売買契約をする場合などがこれに該当します。

【利益相反の例①】

> **遺産分割協議書**
>
> 被相続人Aの遺産につき……協議の結果、次のように決定した。
>
> 相続人　　甲
> 相続人　乙　成年後見人　甲

【利益相反の例②】

> **不動産売買契約書**
>
> 売主Aと買主Bの間において、……売買契約が成立した。
>
> 売主　A　成年後見人　B
> 買主　B

　また、施設入所の際に、後見人に対して身元保証人になることを求められる場合があります。後見人が身元保証人になるべきでないことはすでに説明されているとおりですが（☞Ⅱ5(7)）、仮に身元保証人となって、本人の債務について保証債務を履行すると、求償権が発生することになり、利益相反の問題となります。このような観点からも、後見人は身元保証人になるべきではないといえるでしょう。

> **★用語解説★**
>
> **●利益相反**
>
> 　利益相反とは、同一の契約などについて、本人の代理人が自分を相手方として契約などをすることをいいます。この場合、その代理人は本人の利益を犠牲にして自分の利益になるような契約をしてしまうおそれがあることから、その代理人に代わって公平な第三者が判断する必要があるのです。この公平な第三者として規定されているのが、特別代理人です。

> **★用語解説★**
>
> **●求償権**
>
> 　求償権とは、債務を弁済した人が、他の人に対して、その返還または弁済を求める権利のことをいいます。たとえば、保証人が債務を弁済し、主たる債務者がそれによって債務を免れたときに、保証人が主たる債務者に対して返還を求めることのできる権利のことです。

10　税金に関する職務 ── 申告・届出・納税・還付

(1)　後見人が税金の申告等を行うこともある

　成年後見制度を利用した本人も、税金の申告や納付が必要になる場合がありま

す。特に、本人に、年金収入以外に、賃料収入などの不動産所得や不動産譲渡所得などがある場合は、確定申告をしなければなりません。本人が申告などをすることができなければ、成年後見人の職務として、これらを行う必要があります。同時に、納税等も成年後見人の職務となります。

図表3－13　税金の種類と管轄官庁

	税金の種類	管轄官庁
国　　税	所得税、相続税など	税務署
地　方　税	固定資産税、住民税、不動産取得税など	都道府県税事務所 市町村役場

(2)　税務申告・納税が必要な場合（☞第2巻第1章Ⅵ）

税務申告や税金の納付は、主に次のような場合に行います。

① 不動産の地代家賃や駐車場料金等の収入がある場合

② 不動産を譲渡した場合

③ 医療費、災害等の控除による還付請求をする場合

④ 財産を相続した場合

⑤ 申告後の税額が多額のときの更正請求をする場合、少額のときの修正申告をする場合

⑥ 固定資産税、国民健康保険税等を納付する場合

これらのほか、株式等の配当を受けた場合、有価証券を譲渡した場合、公的年金や私的年金を受け取った場合についても税金は関係してきますので、注意しておくことが必要です。

(3)　税金の軽減・免除を確認しておく

税金についての特例措置として、さまざまな軽減や免除がありますので、確認しておくとよいでしょう。申告の時期による適用制限もありますが、税務署から「あなたは○○○の特例が受けられます」などと通知してくれるわけでもありません。日頃から税務署等の窓口に出向いたり、税理士等の専門家に相談することが必要となります。基本的な事項については、国税庁のホームページに「タックスアンサー」がありますので、これを利用するとよいでしょう。

（第2章Ⅲ　山﨑　政俊）

Ⅳ　身上保護

●この節で学ぶこと●

　後見人の就任中に行うことになる具体的な身上保護事務の内容を学習します。

　保佐人・補助人の場合は、与えられた同意権・代理権の範囲で事務を行うことになるので、注意しましょう。

1　身上保護とは

(1)　身上保護における後見人の基本的な姿勢

(A)　身上保護は後見人の重要な仕事

　後見人が行う身上保護とは、本人の精神・身体の状態や生活の状況全般を把握し、本人の思いを尊重しながら、本人がその人らしい毎日を送ることができるように、生活の質に配慮し、医療・介護・福祉等の生活全般の手配や契約を行うことです。

　身上保護は、財産管理とともに後見人の重要な仕事です。

　まず、後見人が身上保護を行う場合の基本姿勢について考えてみましょう。

(B)　本人にとっての最善の利益を考える

　後見人は、後見人の価値観や一般的な常識にとらわれるのではなく、常に、本人自身がどのように生きたいと思っているのか、本人は何ができて、何をしてほしいと望んでいるのかということを受け止め、「本人にとっての最善の利益」とは何かを考えて身上保護の方針を決めなければなりません。

　そして、本人の世界が自宅や施設の中だけにとどまらないように、生活の質がより豊かになるように、サービスの利用を検討するようにしましょう。

(C)　「管理」ではなく「支援」する

　特に身上保護の場面では、後見人は、本人の生活を「管理」するのではなく、本人の生活を「支援」するという存在であり、常に本人の気持ちや利益を代弁する役割を担っていることを意識しておくことが必要です。

　身上保護に関する具体的な決定は、ていねいに本人の気持ちを聞き取り、できる限り本人の納得を得て行うように努めなければなりません。

　また、本人にできることは、可能な限り本人にしてもらうことが必要です。人

は誰でも、最後まで自分らしく尊厳をもって生きたいと思っています。後見人が本人の代わりに決めるほうが効率的であったとしても、本人自身ができることまで取り上げることのないように気を付けなければなりません。後見人の身上保護は「本人の意思決定支援」が基本です。やりすぎることは権利侵害にもあたりうるということに留意しておくべきでしょう。

「やりすぎないこと」は、後見人に求められる心得の1つです。

(D)　本人の意思の尊重と本人保護との関係

本人の意思を尊重するといっても、本人にとって必要な対応をせず、本人が同意しないことを理由に、生命・身体・生活の安全にかかわるような状態を放置しておくことはできません。本人の生命や生活をまもるという「本人保護」の義務を果たすことが、後見人の重要な役割であることは、いうまでもありません。後見人には、「本人の保護」と「本人の意思の尊重」とのバランスをとりながら活動していくことが求められるのです。

(2)　身上保護と事実行為

身上保護とは、本人の精神状態や生活の状況に配慮して、本人が生活していくために必要な福祉サービス・介護サービス・医療サービス等の利用について検討し、それらの利用に向けた手配をし、契約をし、その履行をチェックすることです。食事の世話、洗濯、掃除等の家事、実際の介護などといった事実行為を後見人がみずから行うことではありません。

また、日常生活に必要な物を購入することも後見人の職務ですが、必ずしも後見人自身が買物に行かなければならないわけではありません。本人に必要な物は何かを検討して、たとえばヘルパーに、本人が買物をするのに付き添ってもらったり、買物の代行をお願いすることもできます。積極的にさまざまなサービスを利用することを考えましょう。

(3)　身上保護と財産管理の関係

身上保護と財産管理は、密接に関係しており、明確に分けて考えることはできません。

本人の生活を把握して、毎月の生活に必要な費用を検討したうえで、収支予定表を作成することになります。また、将来の財産管理計画は、本人の身体の状況や生活環境の変化に応じて、柔軟に変更されるべきものです。本人の生活の質を上げ、本人の生活のために、財産をどのように使うかということが、重要なのです。財産管理は、本人の身上保護のためにある、といっても過言ではありません。逆に、本人の身上保護方針はある程度、本人の財産の変化や内容に制約されるこ

とにもなります。

　そして、本人に収入や預金がない場合や、後見人に選任された後に事情が変わり、生活費がなくなりそうな場合には、後見人は、身上保護の職務として、協力してくれそうな親族に相談したり、生活保護の申請手続などをしなければなりません。

2　本人と後見人との関係づくり

(1)　本人をよく知るためには信頼関係を築くことが大切

　身上保護の基本は、本人との関係づくりだといえるでしょう。

　本人の身体の状態や生活の状況を知るためには、直接本人に会って、具体的にどのような支援が必要なのかということを判断しなければなりません。後見人自身が定期的に訪問するなどして、本人の信頼を得るように努めましょう。本人が被補助人や被保佐人の場合はもちろん、成年被後見人の場合であっても、後見人が、「自分はあなたの生活をまもる立場の人間である」ことを伝え、真摯に本人の話を聴く姿勢を示せば、多くの場合、心を開いてくれるものです。「後見人は自分に好意をもってくれている」「私の味方らしい」と本人が感じている場合には、普段はほとんど話ができないような状態でも、訪問したときににっこりと笑って迎えてくれるというようなことは、珍しいことではありません。

　ところが、後見人が自分の価値観を押しつけようとしたり、本人の生活を「指導」したり、「管理」しようという態度で接すると、本人は敏感に反応し、拒否してしまい、後見人を受け入れてくれません。

　あまり身構えることなく、本人の相談相手になるような気持ちで接することから始めるとよいでしょう。

　後見人は、本人との定期的な面談に加えて、必要に応じた面談や電話のやりとりなどといった見守りを続けることによって、本人の生活の変化を知り、必要な対応を判断することができます。

　後見人が身上保護として具体的に何をすればよいかということは、本人をよく観察し、本人の声をよく聴けば、本人自身が教えてくれるのです。

　そして、市民後見活動では、こうした本人との接点を多くもつことが期待されています。

(2)　本人との距離のおき方

　後見人として実際に活動し、本人との関係が密になってくると、「家族と同じ

ように」何でもやってあげたくなるものです。

　しかし、本人の望むことを何でもやってあげるという関係が、必ずしもよいとはいえません。後見人は、本人の思いを受け止め、その声に耳を傾けなければなりませんが、本人にとって都合のよい存在になってしまわないように気を付け、後見人として言うべきことは言わなければなりません。本人のために誠意をもって身上保護を行うことは大切ですが、自己満足に陥らないように注意しながら、一定の距離をおくことも必要です。

　将来、後見人に不測の事態が生じ、後見人を交替しなければならないことがあることも、考えておかなければなりません。関係が密になりすぎると、そのような場合に、必要以上に本人の戸惑いが大きくなり、後任の後見人の負担も大きくなってしまいます。常に、第三者後見人としての立場を意識してかかわることが求められます。

　「親切すぎないこと」も、後見人に求められる心得の1つなのです。

3　本人を取り巻く人々との関係

(1)　本人を支援する人のネットワークづくり

　市民後見人は、本人といっしょに生活しているわけではありませんし、それまでの本人の歴史を詳しく知っているわけでもありません。そのような後見人が、本人の生活全般を知り、必要な身上保護を1人で判断するということは、大変に難しいことであり、むしろ危険なことです。

　後見人は、本人の代理人として、その責任において、介護サービスや福祉サービスの契約等、さまざまな法律行為の代理をすることになります。契約書に署名をするだけの役割ではありません。そのためには、契約の内容を正しく理解したうえで、本人に必要な契約をしなければなりません。そして、その判断が独りよがりにならないように、日頃から、医療や福祉、介護等の専門職との連携に努め、必要な情報を把握しておかなければなりません。また、本人が1人で生活している場合など、地域の人々との関係が悪かったり、地域の人々が不安に思っていることがあります。そのような場合は、後見人に就任した後、地域包括支援センターと連携して、民生委員をはじめ隣近所の人に、後見人が選任されていることを伝え、地域の人々の協力をお願いしましょう。そうすることによって、地域の人々との関係がよくなることもあるのです。このようなネットワークは、たとえば虐待が発見された場合など、本人の生命・身体・財産をまもる必要がある場合

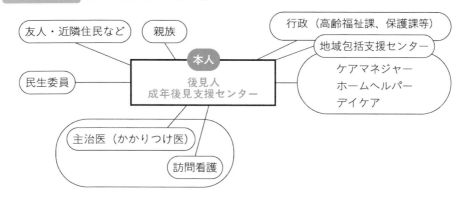

図表3－14　認知証高齢者を取り巻くネットワーク

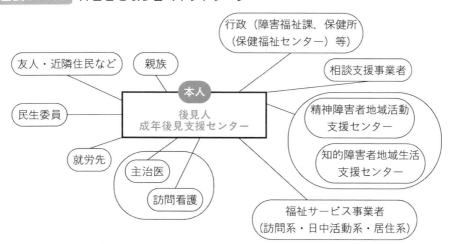

図表3－15　障害者を取り巻くネットワーク

にも重要です。そのうえで判断に迷うことがあったら、所属する成年後見支援セン
ター（中核機関。第1巻2章Ⅲ②参照）にも相談することが必要です。現在、各
自治体で進められている「地域包括ケアシステム」は認知症の高齢者や障害のあ
る方にこそ必要なものです。

　このネットワークにおける市民後見人の立場は本人の代理人ですが、本人を取
り巻くほかの支援者に対して、一方的に指示する立場ではありません。逆に、介
護や福祉等の専門職の決定に従うだけの立場でもありません。それぞれの専門職
等の意見に耳を傾け、本人の立場に立って意見を述べ、本人にとって必要な支援
を選択していく協力関係を築いていかなければならないのです（図表3－14・3
－15）。

　後見人の事務は、多くの場合、何年にもわたって行うこととなります。そして、
その中で、身上保護事務として行うことの範囲は、際限がないように思えます。
まじめで親切な人ほど陥りやすいことですが、何もかも1人で抱え込むと、疲れ

果て、後見人としての自信を失ってしまうことになってしまいます。

　後見人は、何でも1人で判断することなく、むしろ、本人を支援する人の輪を大きく確かなものにしていくための努力をし、そのキーパーソンになるようにしましょう。

　「自分の能力を過信しないこと」も、後見人に求められる心得の1つです。

<u>(2)　後見人と親族との関係</u>

　市民後見人が選任される事案は、親族がまったくいない場合や、いても関係が希薄である場合が多いと思います。ところが、協力もしない親族が、後見人の仕事にあれこれと注文をつけたり、本人の財産を渡してほしいなどという要求をしてくることがあります。後見人は本人をまもる立場であり、親族のための後見人ではないのですから、このような場合、後見人の権限と仕事の範囲をはっきりと伝え、毅然とした態度で対応しなければなりません。

　しかし、本人が手術をしなければならない場合や、亡くなったときの遺骨の引取り・葬儀等、できれば親族としてかかわってほしい問題があります。本人がその親族から虐待を受けていたり、連絡をとることを強く拒否していたりするような場合はともかく、相手が協力的でないということを理由に後見人から関係を断ってしまうことのないようにしましょう。本人の危篤を知らせたところ、以前は「顔も見たくない」と言っていた親族が、最後に涙の対面をし、本人と和解するということも、珍しいことではありません。

　親族間の問題は後見人には把握しづらいところがありますから、慎重な対応が求められます。事案によっては、本人の親・子・兄弟姉妹などに、後見人に就任したことを知らせることにより、関係づくりに効果的なことがあります。ただし、これまでのかかわり方などの情報を集め、慎重に検討しましょう。

4　身上保護事務の具体的な内容

　後見人が本人とかかわる期間は決して短いものではありません。本人の身体の状態や生活の変化に対応して、さまざまな問題を解決していかなければなりません。就任時には問題のないように思われた事案でも、長い期間にわたって後見活動をしていく中ではいろいろな問題が起こるものです。

　何が起こるかわからない本人の個別の問題に対応するのが身上保護であり、事前に範囲を特定できるものではありません。ここでは、身上保護事務の主なものについて、具体的に検討していくことにします。

(1)　生活する場所を選択する本人の意思決定を支援する

(A)　本人の意思を尊重する

介護サービス等を受けながら、今までどおり自宅での生活を続けるのか、介護施設に入所するのかなど、本人の生活の場所を選択するのは本人です。後見人には、本人がどこで生活するかを決める権限（居所指定権）はありません。本人がどこで生活するかという問題は、第三者によって判断されるものではなく、基本的には本人自身の意思を尊重して決められるべきであり、後見人は、そのための情報を伝えるなど、意思決定を支援する立場にあります。

《事例》

　Aさんは一人暮らしですが、歩行が不自由で、家の中も車いすでやっと動き回る生活であり、ほとんどベッドから出ることができない状態です。ケアマネジャーなどの福祉関係者は全員、Aさんがこのまま一人暮らしを続けるよりも施設に入所したほうが安全だと判断しています。後見人が就任したときには、すでに本人が入所する予定の施設が決められており、後見人が契約書に署名すれば入所契約は成立するという状態でした。しかし、本人は絶対に家を離れたくないと言っています。

　この事例のように、後見人が就任したときにはすでに行政や福祉関係者の間で方針が決まっており、一人暮らしの本人の施設入所契約のために成年後見制度が利用されることがあります。しかし、後見人が本人に気持ちを聞いてみると、本人は自宅で生活することを強く望み、施設入所を拒否しているということがあります。その場合は、福祉関係者を説得して、自宅での生活を支援するためのケアプランを立てることができないか、もう一度検討しなければなりません。実際、周囲の人が皆で自分を施設に入れようとしていると思い、頑<ruby>頑<rt>かたく</rt></ruby>なに心を閉ざしていた本人が、自宅での生活を続けられるようになったことで、ヘルパーたちにも笑顔を見せるようになり、支援者との関係がよくなり、何年も在宅生活を続けている、という例もあるのです。

　客観的にみれば施設に入所するほうが安全だと思われても、本人の意思を確認し、それに基づいて関係者のケア会議で十分な話合いを行い、手厚い看護・介護体制をとるなどして、可能な限り「本人自身の意思を尊重した決定」を実現できるように努めましょう。本人の経済状態により、介護保険外の自費負担によるサービスを利用することも検討されるべきでしょう。

(B)　施設入所のための契約の締結・手続・費用の支払いなどをする

(a)　施設入所の前に行う事務

地域で生活している本人が、一人暮らしを続けることが難しくなり、施設への

第2章

入所を考える場合、本人の年齢や性格、身体の状態、そして経済状況を含めて、本人にふさわしい施設を探さなければなりません。

　近年、高齢者を対象とした施設は非常に増えてきました。比較的軽度の認知症の人を対象とした有料老人ホームのように、自立している高齢者も入居することができ、入所者の生活は自由で、個室での生活はまもられ、入所者が必要な介護サービスを契約する形式のものもあります。一方、特別養護老人ホームのように、重度の認知症の人が多く入所している施設もあります。

　本人の状態にふさわしい施設を探すには、ケアマネジャーや地域包括支援センターの相談員に相談するなどしてパンフレットを取り寄せ、施設の概要を知り、いくつかの候補を選びます。長期にわたる収支計画が成り立つかどうかを確認することは後見人としてとても重要なポイントですし、終身の入居が可能なのかなども確認しておくべきでしょう。また、本人の状況によっては、慣れ親しんだ地域で暮らすことのできる施設を優先することが望ましい場合もあると思われます。

　一人暮らしが難しくなったことを認めざるを得なくなった本人は、施設入所に同意していても、やはり大きな不安を抱えています。本人に同行して施設を見学したり、本人に体験入所をすすめることもよいでしょう。入所者や施設の職員の表情を観察し、直接に話をすることで、どのような「質」の施設であるかを、ある程度、感じることもできます。また、施設入所に消極的だった本人が、体験入所を機に、施設入所に積極的になるということもあります。

　入所型の施設が増えたといっても、気に入った施設にすぐ入所できるとは限りません。評判のよい施設は順番待ちという状態です。ましてや、障害者を受け入れるグループホーム等の数は少なく、需要に対応できていません。本人の生活を長期的な視点でとらえ、事前に情報を集めるなどして準備しておくことが必要でしょう。

(b)　入所契約をする際の注意点

　いよいよ具体的に施設入所に向けて手続を進めることになると、後見人は、本人を代理して施設との入所契約を締結し、重要事項の説明を受け、施設利用料の支払方法や預託金について取り決めることになります。介護支援施設の場合には、要介護度に応じて一定の介護サービスを提供する内容になっていますので、具体的な内容を確認しておかなければなりません。

　また、入所契約のときに、施設側から後見人に対し、本人の身元保証人になることを求められることがあります。しかし、その役割の中には、利用料の支払いなどを後見人の義務として行うべきことと、連帯保証など後見人の責務ではない

ことが含まれています（身元保証について☞(7)）。契約時に、後見人の役割をていねいに説明して施設側に理解を求め、覚書を交わすなどしましょう。

　近年では、成年後見制度の普及に伴い、後見人が選任されていれば、あえて、身元引受人を求めないという施設も増えています。

(c)　本人の自宅での生活の思い出を施設に持ち込む

　施設の個室は、多くの場合、それまで生活していた自宅に比べ、ずいぶん狭くなり、それまでの生活の「匂い」がなくなって、本人は寂しい思いをします。市民後見人が就任する事案では、親族等が訪問してくることもあまり期待できないかもしれません。

　そこで、本人の気持ちを少しでも和らげるよう、施設の個室が、「自分の部屋」らしくなるものを持っていくようにしましょう。多くの物を持ち込むことはできませんが、アルバムや、小さな飾り物、思い出のあるものがあるだけで、本人が施設での生活に慣れるための大きな力になります。

(d)　施設での生活の見守り

　本人が入所した後は、後見人は、定期的に訪問し、本人の状況を見守らなければなりません。そして、訪問時には、施設のソーシャルワーカーや担当職員等と会い、本人の様子を聴くなどして関係をつくっておきましょう。

　残念なことに、施設の担当者の中には、後見人を「家族の代わり」と勘違いしている人もいます。後見人の役割についてしっかりと説明し、理解してもらうようにしましょう。

　施設からは定期的に、施設サービス計画書や栄養ケア契約書等が送られてきます。後見人は内容を確認し、署名して返送しますが、その際、ただ単に署名するだけでなく、本人の希望や状態と施設の方針とが合っているかどうかを確認することが必要です。

　入所した後に、本人が病気で一時的に入院したり、長期入院のために退所しなければならない事態が起きることも考えられます。日頃から電話等で連絡を取り合い、本人に必要な対応ができるようにしておきましょう。

　また、一方では、施設側が契約どおりのサービスを提供しているか、正当な理由もなく身体拘束等が行われていないか、本人と施設職員との関係はどうかなどについて注意深く観察しましょう。そして、問題があると感じたら、施設の相談員などに率直に申し出ましょう。ただし、やむを得ない事情がある場合もあるので、抗議するという姿勢よりも、まず初めは相談することが適切です。

(C)　借家の処分や新たな住宅の確保

　本人の生活の中心となる居住用不動産を処分することについては、家庭裁判所の許可が必要です。自宅不動産の売却や担保の設定等については、Ⅲ⑦で詳しく説明されていますので、ここでは、身上保護の視点から気を付けなければならない点について検討します。

(a)　賃貸借契約の解除・家屋の明渡し

　施設入所や長期の入院が決まった場合でも、経済的に余裕があるのであれば、本人所有の不動産を急いで売却する必要はないでしょう。空家の管理は大変ですが、自宅が残っているというだけで本人が安心するということもあるからです。

　本人が生活していた家が借家だった場合の借家の処分は、悩ましい問題です。賃貸借契約を解除しなければ、継続的に家賃を支払わなければなりませんので、経済的な面を考えれば早く契約を解除したほうがよいかもしれません。しかし、原則として、施設入所の後にすぐに契約を解除するのではなく、少しの間は様子をみたほうがよいと思います。本人がどうしても施設での生活を受け入れることができない場合に、帰る場所がなくなってしまうからです。本人が入所した施設での生活に慣れた頃に、本人に説明したうえで（経済的な事情も含めて）、契約の解除をするほうが望ましいでしょう。

　契約を解除するためには、家屋内の動産を処分することになりますが、本人が手許におきたいものなどを聞き、それに応じて処分することになります。

　なお、借家の契約解除も、それまで住んでいた家を失うことになるので、家庭裁判所による居住用不動産処分の許可が必要です。

(b)　新たな住居の確保

　長期にわたって入院生活を送っていた本人の疾病が回復し、退院することになった場合、後見人は、本人のために住居を確保しなければなりません。市民後見人が就任している事案では、ほとんど家族の同居を期待することはできないと思われますから、本人が退院した後にいきなり一人暮らしができるかどうかについては慎重に検討しなければなりません。退院する前に、本人を交えて、主治医や相談室の相談員（メディカルソーシャルワーカー）等と相談し、どこで生活するのかを選択しなければなりません。グループホームでの生活を経験することから始めることなどが必要でしょう。

　本人が一人暮らしを始める場合は、訪問看護や居宅介護等、十分な介護・福祉サービスを利用することのできる環境を整えたうえで退院できるように準備しなければなりません。

　また、民間のアパート等の賃貸借契約では、連帯保証人を求められることが多

いので、注意が必要です。

(2)　地域で生活する認知症高齢者の身上保護

　認知症高齢者が地域で一人暮らしを続けるためには、介護サービスの利用は必須です。そこで、次に、介護サービスを利用するにあたっての後見人の役割についてみていきます。

(A)　介護サービス等の利用（☞第2巻第1章Ⅰ）

(a)　要介護認定手続

　後見人に就任した時点で、本人に介護サービスの利用が必要だと思われるのに、要介護認定を受けていない場合は、要介護認定の申請手続をすることが必要です。行政に対する要介護認定手続は、地域包括支援センターのケアマネジャーやソーシャルワーカー等に相談し、手続を依頼するとよいでしょう。

(b)　更新手続

　要介護認定を受けて介護サービスを利用している場合、介護保険の被保険者証をもっているはずです。被保険者証には有効期限が記載されています。本人が在宅生活の場合は、利用する介護サービスのケアマネジャーに介護保険被保険者証の原本を預け、後見人は写しを保管しておくということもできます。初回の有効期間は6カ月で、その後は1年ごとに更新の手続が必要になります。更新手続については行政（高齢福祉課・介護保険課等）からの案内に注意し、失念しないように気を付けましょう。

　更新手続をするときには、本人の収入を届け出なければなりません。確定申告が不要な人の場合には、市県民税調査報告書の提出が必要です。

(c)　申請・更新手続の際の認定調査の立会い

　要介護認定の手続の中に、本人への面談調査があります。調査員は、たとえば寝返りがうてるかなどといった身体機能、ズボンの着脱ができるかなどといった生活機能のほか、今の季節を理解しているか、薬の飲み忘れがないかなどを調査します。本人は、日頃できないことを「できる」と言うなど、認知症の程度が調査員に正確に伝わらないこともあります。そのため、本人の日常の様子をよく知る人が面談に立ち会うことが重要です。

　市民後見人が選任される事案では、家族が立ち会うことは難しいことが多いと思われますので、後見人は、申請手続の場面だけではなく、更新手続のときにも、できるだけこの認定調査に立ち会い、本人の生活の様子を伝えることが必要です。また、後見人のほかに、ケアマネジャーなどの立会いを調整する場合もあります。

(B)　介護サービス契約を結ぶ

　要介護認定を受けると、介護サービスや介護予防サービスを受けることができます。後見人は、具体的にどのような支援が必要なのかをケアマネジャーと相談し、本人の気持ちを確認して、ケアプランの作成をケアマネジャーに依頼します。そして、後見人は、ケアプランに基づいて、介護サービス事業者と介護サービス契約を結びます。これによって本人は具体的な支援を受けられることになります。

　その後は、介護サービス事業者から定期的にサービス実施報告書が提示され、後見人の承認印を求められます。

　利用料は月ごとに支払うこととなりますが、振込みによる支払いができないところもあるので確認しておきましょう。

　なお、本人の状態が要支援1・2の場合は、地域包括支援センターのケアマネジャーが介護予防ケアプランを作成します。

(C) ケアカンファレンスの開催

　介護サービスについて、ケアマネジャーは、本人や介護事業者等と定期的に、また本人の病気やけがに対応して、ケアプランを見直すためのケアカンファレンス（サービス担当者会議、ケア会議）を呼びかけます。後見人もこのカンファレンスに参加して介護サービスの利用状況を確認し、本人に必要な支援とともに、必要な物品の購入や生活環境の改善等についてもいっしょに検討するようにします。

　このように、介護関係者と直接に顔を合わせて話すことにより、本人を支援する人との関係はより密になり、お互いの信頼関係も生まれてくるのです。

(D) 履行確認、異議申立て等

　後見人が、ケアカンファレンスに参加し、ケアマネジャーや介護関係者等との関係を密にしていれば、ケアマネジャーが後見人に無断で何かを決めたり、契約どおりにサービスが行われないなどということは、あまりありません。

　しかし、なかには、後見人からケアカンファレンスの開催を促しても開催しようとせず、勝手に必要もないサービスを入れたケアプランを立て、後見人が意見を述べても聞きいれようとしないケアマネジャーがいるという話も聞きます。財産管理をする後見人は財産管理が仕事であり介護や福祉に関する権限はないと勘違いしている人もいるのです。

　そうした場合には、後見人の役割について説明し、どうしても理解してもらえないようであれば、ケアマネジャーを替えることも検討しなければなりません。あくまで、本人がよりよい生活を送るために適切なサービスを受けられるようにするという、本人の立場に立った対応が必要となります。

　また、契約で決められたサービスをきちんと行っていない介護サービス事業者

には、後見人として対応の改善を求めなければなりません。ケアマネジャーに相談し、事業者にも直接伝えることが必要でしょう。それでもサービス内容が改善されない場合は、地域包括支援センター、市区町村の高齢福祉課、各都道府県の国民健康保険団体連合会の相談窓口に、苦情申立てを行うこともできます。

(3) 地域で生活する障害者の身上保護

　知的障害や精神障害のある本人が地域で一人暮らしを続けるためには、さまざまなサービスを利用することが必要です。ここでは、特に高齢者と異なる部分について確認していきます。障害者総合支援法に基づいて、サービスが提供されることになります。

(A) 「手帳」の取得手続

　本人自身や家族が、本人に「障害」のあることを認めていなかったなどの理由で、本人が障害手帳をもっていないことがあります。しかし、障害手帳をもっていたほうが、障害福祉サービスを受けやすくなります。

　知的障害者の場合は「療育手帳」（自治体によって名称は異なります）、精神障害者の場合は「精神障害者保健福祉手帳」です（ちなみに、身体障害者の場合は「身体障害者手帳」です）。

　また、知的障害と精神障害が複合していることもありますので、本人に必要なサービスが受けられるように、地域の障害者相談支援事業者の相談員に相談し、各市区町村の障害福祉係に申請手続を行います。

(B) 障害者総合支援法における福祉サービスを利用する際の後見人の役割

(a) 専門機関等への相談

　本人が障害者の場合は、障害の程度や特徴を知っておくことが必要です。特に、本人が地域で一人暮らしをしている場合には、悪質商法にだまされる、近隣の人々とのトラブルが絶えないなど、いろいろな問題を抱えていることもあります。

　まずは、主治医に疾患の特徴を尋ねたり、障害者相談支援事業者の相談員等に相談するようにしましょう。本人の生活状況を把握し、障害者手帳を取得することの必要性や、障害福祉サービスの選択等、障害福祉の専門家としてのアドバイスを受けることができます。そして、継続的にかかわってもらうようにして、ケアカンファレンスの中で、本人の状態に応じた具体的な支援の方法を検討するようにしましょう。

(b) 障害支援区分の認定申立て・立会い

　障害者総合支援法における福祉サービスを利用する場合には、障害支援区分の認定申立てをすることが必要です。障害支援区分は非該当および区分1～区分6

まであり、数字が大きいほど障害程度は重いということになります。

　判定に用いられるチェック項目の多くは、介護保険における要介護度の判定に用いられるものがそのまま利用されています。そのため、身体的な障害については障害程度が重く判定されやすくなっていますが、チェック項目だけでは精神障害や知的障害の問題行動が正確には伝わりにくいという問題があります。

　たとえば、「1人で買物に行ける」という問いに対して、本人が「1人で行く」ことはできるため、「できる」という回答になります。しかし、1人で行って買ってくるものは、いつも菓子パンと甘いジュースだけという場合には、必要なものを選択して買っているとはいえません。このような場合には、やはり買物の支援が必要なのです。

　後見人は、認定調査に立ち会って、調査員に本人の生活の実態を正しく伝え、調査票の特記事項に記載してもらうようにしましょう。

(c)　各種福祉サービス利用のための契約締結

　こうして障害支援区分の判定結果を受けることで、福祉サービスを利用できるようになります。

　障害者総合支援法に定められたサービスには、「自立支援給付」と、「地域生活支援事業」とがあります。本人の希望を聞き取りながら障害者相談支援専門員の立てた「サービス利用計画」に基づき具体的なサービスの利用を検討します。

　たとえば、一人暮らしの本人のために、毎日の居宅介護サービス（ホームヘルパー）を利用し、必要に応じて病院等への移動支援（ガイドヘルプ）を利用するなどのサービス事業所との契約は、本人の希望を聞き取りながら代理人として後見人が行うことになり、一定のモニタリング期間を経て、サービスの見直しが行われます。そのため、定期的な担当者会議は、後見人の参加が必要となります。

(4)　医療に関すること

　医療は、生命や身体にかかわる重大な事柄です。また、どのような医療を受けたいか（あるいは受けたくないか）ということについては、人それぞれに考え方が異なる、個人的な性格の強い事柄です。したがって、後見人として本人の医療行為にかかわる際は、特に、「本人にとっての最善の利益」を考え、慎重な対応をとることが求められます。

(A)　医療行為における後見人の立場

　現在の成年後見関連法が制定される際、後見人には医療行為に関して同意する権限はないとされました。しかし、現実としては本人が自らの意思を表すことができない場合に、医療機関から、本人に対する医療行為について、後見人に同意を求め

られることが少なくありません。医療機関は、医療行為について十分な説明（インフォームド・コンセント）をしたうえで、本人の同意を得なければならないからです。

　本人に同意能力がない場合、医療現場では、慣習上、家族が本人の代わりに同意しているという例が少なくありません（本来は、家族にも法律上の権限はないと考えられています）。しかし、家族がいない場合には、医療機関は、後見人に同意を求めてくるということになるのです。そのような場合、後見人は、医療機関に対して、「後見人には医療行為に対する同意権限がない」と伝えて理解を求めることになります。しかし、それによって、本人に必要な医療を受けることができないという事態になることがあり、本人の身上に配慮する義務を負う後見人としては、非常に悩ましい問題です。

　後見人が、本人の医療行為の場面に直面することは、ほとんど避けられません。後見人として、本人の医療にどのようにかかわっていくことができるのかについて、身上保護の視点から検討してみましょう。

⒝　後見人の権限

　現行法では、医療に関係して、後見人は、以下のことを行うことができると考えられています。

① 　医療契約、入院契約の締結
② 　診療報酬などの支払い
③ 　病状を含む医療行為についての説明を受けること（本人の受ける説明に付き添うこと）
④ 　医療行為に必要な情報を提供すること
⑤ 　契約に基づいて、適切な医療行為が行われているかをチェックすること

　後見人に医療行為についての同意権がないといっても、①については、本人に代わって、法定代理人として行うことができます。そして②は、①の結果として請求されたものについて、当然に後見人の義務として支払わなければなりません。

　施設やケアマネジャーから、けがや病気のために本人が入院したという緊急連絡が入ることは珍しくありません。そのような場合、後見人は、入院契約を行うために病院を訪れる必要があります。家族の入院と同様に「何をおいても駆けつけなければならない」と思いがちですが、必ずしもそうではありません。病状を確認し、支援者の協力を得ながら、臨機応変に対応しましょう。

　退院時には入院費用の支払いを求められますが、後見人が常に退院に同行することができるとは限りません。付添いサービス等を利用することもあります。そのような場合、病院から後見人あてに請求書を送付してもらい、振込みをするこ

とで対応できることがほとんどです。事前に、病院の事務担当者と打合せをしておきましょう。

③は、本人に同意能力がある場合、病状や、具体的な治療の内容、治療を受けた後の生活の変化等について、本人が医師の説明を受ける場面では、後見人は本人に付き添い、医師の説明の内容を本人にわかりやすく伝え、本人の思いを聴き取り、医療行為に対する本人の同意（選択）に対して、本人を支援しなければなりません。

④は、本人に相当な医療が行われるように、本人にかかわる介護・福祉の関係者等の協力を得て、本人に関するできるだけ詳しい情報を医療機関に伝える必要があります。

⑤は、①の医療契約どおりに医療が行われているかどうかを見守り、監視・監督する後見人の義務です。

後見人に、個々の医療行為に対する同意権がないからといって、医療に関して、後見人が何も関与しなくてよいというわけではありません。

(C)　**本人に医療行為に対する同意能力がある場合**

後見が開始しているからといって、本人に、自身が受ける医療行為についての同意（選択）能力がないとは限りません。本人に同意（選択）能力がある限り、医療行為に対する決定権は本人自身にあるのです。

その場合、後見人は、本人の意思を尊重するように努め、医療行為に対する本人の意思（同意・拒否・選択）を支援する役割があります。それは、家族のかかわりがあったとしても同様です。

(D)　**本人に医療行為の同意能力がない場合の軽微な医療等についての考え方**

次に、本人に、医療行為に同意する能力がない場合について検討してみましょう。

後見人が本人に治療が必要だと判断した場合、後見人は医療契約を結ぶことになります。しかし、後見人に具体的な医療行為（治療）については一切同意権がないということになると、何のための医療契約かわからないことになってしまいます。

そのため、以下のような医療については、医療契約から当然に予測されたものとして、あるいは身上配慮義務の一環として、後見人にも同意権があるとする考え方が、後見実務の現場では強く支持されています。以下に示す軽微な医療については、後見人も本人の医療行為について、同意できるのではないでしょうか。

この場合の同意権の行使も、本人の推定的意思に反しないことが必要です。

①　触診、レントゲン検査、血液検査等、病状の解明に必要な最小限の医療

②　一般的な投薬・注射・点滴、骨折の治療、傷の縫合等危険性の少ない軽微

　な医療

③　健康診断

④　施設等で実施されるインフルエンザの予防接種等

　(E)　**本人に医療行為の同意能力がない場合の重大な医療についての考え方**

　本人に同意能力がなく、家族もいない場合に、悪性腫瘍のための片足の切断の手術等の重大な医療や、医療技術としては難しくなくても、その後の本人の生活に大きな影響を与える胃ろうの造設等について、医療機関から、後見人に、同意あるいは選択を求められることがあります。後見人には重大な医療行為についての同意権はないと考えられますから、その旨を医療機関に伝えるしかありません。しかし、本人が必要な医療を受けられないという事実を前に、後見人は思い悩むことになります。

　この点については、医療行為に対する同意のシステムや、新しい法律を制定するなどして何らかの解決を図るべきだと思いますが、残念ながら現時点ではまだ実現していません。

　それでは、本人に同意能力がない場合、重大な医療に関して、後見人は何もすることができないのでしょうか。

　本人が自分の意思を表すことができない場合には、まず、本人が医療に対してどのような思いを抱いているかを推測してみましょう。家族や友人に、かつて本人がどのような話をしていたのか、どのような価値観をもっていた人なのかなどを聞いたり、本人を支援している介護や福祉の関係者で話し合ってみましょう。

　医療行為に対する医師の説明を聴き、関係者との話合いで、本人の思いを推測した結果を医師に伝えることはできます。これは、身上保護を担う後見人の職務として必要なことではないでしょうか。

　本人に同意能力のない本人の医療行為の問題は、早急に何らかの解決が図られるべきでしょう。そして、それは、医療機関や第三者後見人にとって都合のよいものではなく、本人（患者）の権利を守るためのものであってほしいと思います。

★**用語解説**★

●**胃ろう**

　飲み込む力が衰えるなどして、口から食べ物や薬を摂取することができなくなった人に対して、お腹に小さな穴を開け、胃に直接チューブで栄養分や薬を入れる処置のことです。手術は短時間で終わりますが、胃ろうを造設した後は、定期的なチューブ交換など適切な管理が必要となります。

(5)　看取り介護

　一定の要件を備えた特別養護老人ホームやグループホームでは、「医師が一般に認められている医学的知見に基づき回復の見込みがないと診断した人」を対象に、看取(みと)り介護を行うことができます。

　看取り介護とは、「必要以上の過度の医療処置をせずに、施設内で可能な範囲で対応し、安らかな最期を迎えてもらう」ことです。本人が危篤状態になっても病院への搬送は行われず、施設内で息を引き取ることになります。

　こうした看取り介護を行うには、本人または家族に説明を行い同意を得ていることが条件とされているため、家族のいない本人の場合には、施設側から後見人に対して、看取り介護について同意するかどうかを問われることがあります。

　しかし、看取り介護に同意するということは、医療行為を差し控えることと同じ意味をもつものであり、医療行為に関する同意権がないとされている後見人の権限の範囲内であるかという疑問は残ります。

　現実にこうした場面に直面した場合には、医療行為の同意に関する対処と同様に、本人や関係者によって、本人の最善の利益のための合意を形成することが必要であると考えられます。

(6)　医療保護入院の同意者としての役割

　成年後見人・保佐人は、精神病院への医療保護入院の場合の同意者である「家族等」に含まれます（精神保健福祉法33条）。

　医療保護入院とは、本人の医療保護のために、指定医と「家族等」の1人が同意すれば、本人の同意がなくても入院させることができるというものです。

　「家族等」とは、本人の配偶者、親権者、扶養義務者、後見人、保佐人をいいます。本人に家族がいない場合、成年後見人・保佐人に医療同意を求められることがあるでしょう。

　これまで重い負担を強いられていた「保護者制度」は平成26年4月に廃止されましたが、成年後見人・保佐人が医療保護入院の場合の同意権者の1人であることには変わりはありません。

　なお、本人が自分の意思で治療を受けている場合や自分の意思で入院している場合には、後見人はこれらの義務を負いません。

(7)　身元引受（身元保証）に関すること

　本人が施設に入所したり入院したりするときには、必ずといってよいほど、身元引受人（身元保証人）になることを要求されますが、親族ではない市民後見人がすべてのことをできるわけではありません。

一般的に、身元引受人の義務としては次のようなものがあります。

① 施設利用料や入院費用等の支払いの代行

② 本人が負担する施設利用料や入院費等の債務についての連帯保証

③ 本人が施設・病院・第三者等に損害を与えた場合の損害賠償債務についての連帯保証

④ 入院・入所中の介護・医療による身体への干渉についての同意・決定の代行

⑤ 身柄の引取り

⑥ 緊急連絡先の引受け

①の施設利用料や入院費は、本人の財産を管理している後見人の義務として、本人の財産から当然に支払います。

しかし、②や③については、後見人個人が連帯保証する必要はありません。本人の生活にかかる費用や損害賠償は、あくまでも本人の財産の範囲で支払うべきものであり、代理人である後見人が本人の保証人となることは利益相反行為になります。また、⑤についても、後見人の職務には含まれません。

④については、理由のない身体拘束には当然同意できませんし、医的侵襲を伴う医療行為や身体拘束への同意は後見人の職務の範囲ではありません。

⑥は、後見人の身上保護事務の範囲内です。

(8) 市区町村等への手続

後見人に選任されたら、以下のとおり、そのことを届け出る必要のある機関があります。主な届出は次のとおりです（☞第1章Ⅱ3(1)）。

① 国民健康保険、後期高齢者医療保険　→　住所地の市町村の担当部署に届け出る。

② 介護保険、自立支援給付・医療　→　住所地の市町村の担当部署に届け出る。

③ 高額医療費・高額介護サービス費支給申請　→　住所地の市町村の担当部署に届け出る。

④ 臨時福祉給付金等　→　住所地の市町村の担当部署に届け出る。

⑤ 生活保護　→　管轄の福祉事務所（または自治体の担当部署）に届け出る。

⑥ 固定資産税　→　土地・家屋が所在する市町村の担当部署に届け出る。

⑦ 年金　→　最寄りの年金事務所に届け出る（国民年金のみの場合は市町村の国民年金課）。

いずれも、登記事項証明書と後見人の本人確認書類などを提示して、後見人が

選任されていることの届出を行い、以後の関係書類が後見人あてに送付されるように手続を行います。

　家庭裁判所によって後見人が選任されたことが当然に通知されるのは、東京法務局だけであり、市町村へは後見人がみずから届け出なければなりません。また、窓口ごとに手続が必要なため、役所の複数の窓口で同様の手続をする場合もあります。

　本人が施設入所などにより住所を異動した場合には、転居届（他の市町村へ異動した場合には転出届と転入届）を行い、同時に、①～⑥の各窓口で住所移転に伴う手続をする必要があります。

⑼　郵便物の取扱い

　後見人が選任されたからといって、本人への郵便物が当然に後見人のところに転送されるわけではありません。

　年金事務所や、市町村の国民健康保険・介護保険等の担当部署からの郵便物については、送付先を後見人の住所に変更してもらうように届け出ることで、後見人が確実に受け取ることができます。施設や介護サービス事業所、金融機関からの郵便物も同様です。これらは、後見事務を適切に行うにあたって欠かせないものであり、後見人には受領する権限があると考えてよいでしょう。

　一方、私信（ししん）については、後見人に開封する権限はありません。しかし、本人あてに届く郵便物の中には、後見人が把握していない金融機関からの通知や、借金の督促状、通信販売の請求書等が含まれている可能性があり、後見人として、何らかの対応をしなければならない場合があります。そのため、平成28年10月13日施行された改正民法で、成年後見人は（保佐人や補助人は含みません）、就任後、後見事務のために必要な場合は、家庭裁判所の審判を得て、本人あての郵便物等を一定期間、成年後見人に転送してもらうことができるようになりました（詳しくは第1章Ⅱ5参照）。もし、転送された郵便物の中で、後見事務に関係のないものがあれば、速やかに本人に引き渡さなければならないことはいうまでもありません。本人のプライバシーに十分配慮して利用するようにしましょう（民法860条の2）。

⑽　本人の生活を豊かにするために

　経済的にも安定し、安全な生活をしていればそれだけで本人は幸せでしょうか。本人の生活を豊かなものにするためには本人の趣味や意向を実現するための支援をすることも必要です。経済的に可能であれば、音楽会、観劇、おいしい食事、旅行など、より豊かな生活を提案してみることも必要でしょう。自費にはなりま

すが、付き添いヘルパーを利用すれば可能になります。本人の新しい笑顔に会えるように考えてみましょう。

5　後見人は楽天的であること

　家庭裁判所に選任されて後見人に就任すると、責任の大きさと緊張感でいっぱいになると思います。後見人として、本人と真摯に向き合うことはもちろん大切なことですが、少し肩の力を抜いてみることも必要です。本人にとって、後見人は必要な存在ですが、何でも１人で背負うことはないのです。本人を支援するたくさんの人々の中の１人に加わったと思い、本人と初めて面談するときには、笑顔で接するようにしましょう。

　そして、自分にできないことを不安に思うよりも、自分がいることによって本人の生活が少しでもよくなったことを１つずつ確認しながら、また、本人の笑顔の数を数えながら前に進んでいきましょう。

　「楽天的であること」は、後見人に求められる心得の基本です。

（第２章Ⅳ　藤江　美保）

第２章

●この節で学ぶこと●

　後見人には、家庭裁判所へ報告する義務があります。また、監督人が選任されている場合は監督人へ報告する義務があります。そして、その報告に基づいて、家庭裁判所・監督人の監督を受けることになります。これは、後見活動の適正さを担保するための重要なしくみです。ここでは、後見人に求められる報告義務の内容について学習します。

1　後見人には報告義務がある

(1)　後見事務を遂行しているときの報告

　後見人は、本人の意思を尊重しながら、心身の状態や生活の状況にも十分配慮し、本人の生活、療養看護、財産管理に関する仕事（後見事務）を行います。

　ただし、その一方で、さまざまな権限をもち、他人の財産を管理する後見人の責任は、極めて重大です。そこで、家庭裁判所または家庭裁判所が選任した監督人は、本人の財産が適切に管理され、本人の身上の保護が図られるよう、いつでも、後見人に対し後見事務の報告や財産目録の提出を求め、あるいは後見事務の内容や本人の財産状況を調査できることとし、定期的に後見事務の状況を報告させるというしくみがとられています。

　これを後見監督とよんでいます。

(2)　後見人に就任したときの報告、後見が終了したときの報告

　後見人は、選任された後、遅滞なく、本人の財産の内容・収支状況を調査したうえ、原則として1カ月以内に、本人の財産を調査して財産目録を作成し、その結果を速やかに家庭裁判所または監督人に報告しなければなりません（☞第1章Ⅲ）。

　また、本人の死亡、後見人の辞任あるいは解任によって後見事務が終了した場合、管理財産の収支を計算し、その現状を明らかにして家庭裁判所に報告し、管理財産を引き継ぐことになります（☞第3章）。

2　家庭裁判所・監督人による後見監督の方法

(1)　後見監督を行うのは家庭裁判所または監督人

　家庭裁判所は、後見人を選任し、後見事務が適正に行われているかどうかを調査し、場合によっては、本人の財産の管理その他後見事務について必要な措置をとることによって後見人の事務を監督します（民法863条）。このように、本来、後見人の監督は家庭裁判所が行うものとされています。

　これに対し、家庭裁判所が、申立てまたは職権により監督人を選任し、監督人が家庭裁判所に代わって後見事務を監督させることもあります。監督機能を委譲することにより、監督人による実効性ある後見監督を期待するものですが、監督人が選任されたとしても、家庭裁判所は、必要がある場合は後見人を直接監督することができます。この監督人には、一般に司法書士や弁護士といった法律専門職が選任されますが、市民後見人が後見人に選任される事案では、後見実施機関である社会福祉協議会（社協）や成年後見支援センター（中核機関）が監督人に選任されることが多いようです。

(2)　家庭裁判所による後見監督の方法

(A)　後見監督に対する後見人の対応

　後見人は、後見事務の状況について、指定された時期に家庭裁判所に報告し、家庭裁判所から必要な指示を受けます。

　具体的には、家庭裁判所は、後見人が適切に財産を管理し、本人の身上の保護を図っているかどうかを確認するため本人の治療や介護の状況、財産管理の状況などについて、書面や口頭により後見人から説明を求めます。

　通常は1年に1回、あらかじめ定められた時期に、後に掲載する後見等事務報告書、財産目録および資料を家庭裁判所に提出して報告をすることになります。最近では、報告書の提出月をたとえば本人の誕生月などと指定したうえ、提出期限内に自主的な定期報告を求める運用が定着しつつあります。

　なお、この書式（記載内容）は、担当の家庭裁判所の窓口あるいはホームページなどで、最新の書式を確認するようにしてください。パソコンやワープロを利用して同様の書面（ただし、用紙の大きさはＡ4判です）を作成してもかまいません。

(B)　後見事務の報告と記録の作成

(a)　一定の時期に後見事務の報告をする

㈏　定期的な事務報告をする

上述のとおり、後見人は、家庭裁判所の指示により、一定の時期に、後見事務報告書、財産目録、収支状況報告書、その他の資料を家庭裁判所へ提出することになります。

㈐　定期報告の内容

後見等事務報告書（書式3－6）には、一般に、以下のような内容を記載します。

①　身上の保護に関する事項として、本人の現在の住所や居所（病院・施設）の変更、健康状態の変化、療養看護についての問題点など。

②　財産管理に関する事項として、本人の財産状況の変動、財産管理の方針など。一定額を超える臨時の収入・支出があるときは、資料を添えて報告します。

③　家庭裁判所への連絡事項。

施設への入所、訴訟の提起、生命保険金の受領、不動産・株式の売却などの重要な事項については、本人の財産や心身に与える影響を考慮し、資料を添えて事前に連絡をしておく必要があります。

後見人が家庭裁判所に報告すべき事項のうち、財産の状況やその変動状況に関しては、後見人に就任したときに作成したのと同じ要領で作成した財産目録（書式3－7）と、その裏づけとなる通帳写し等の資料を添付して報告します（☞第1章ⅢⅣ）。なお、定期報告においては、収支状況報告書の提出を原則として不要としたり、就任当初に提出した財産目録の記載内容と変わりがない項目の資料提出を要しないとするなど、一定の簡素化が図られているようですので、提出書類や添付書類については、担当の家庭裁判所に確認してください。

㈑　後見事務に関する記録の作成

後見事務の報告をする場合、正確かつ迅速な報告を行うためには、日々の金銭出納、職務を行った日時・場所・活動内容などを記録し、裏づけとなる資料（領収書等）を日頃から準備しておくことが必要です。

後見事務に関する日誌の提出を要求されることはほとんどありませんが、家庭裁判所へ提出するかどうかとは関係なく、後見事務に関する日常の活動記録を残しておくことは非常に大切なことです。

⒝　変更があったときや判断に迷うときには報告する

㈏　住所・氏名等を変更したとき

後見事務は、基本的に、本人の判断能力が回復したことにより開始の審判が取

書式3－6　後見等事務報告書（東京家庭裁判所のもの）

開始事件 事件番号　　　　年（家）第　　　号　【本人氏名：　　　　　　　　】

後見等事務報告書

（報告期間：令和　　年　　月　　日～令和　　年　　月　　日）

令 和　　　年　　　月　　　日

住　所

□成年後見人
□保佐人
□補助人　　　　　　　　　　　　　　印

日中連絡のつく電話番号

1　本人の生活状況について　（全員回答してください。）

(1)　前回の定期報告以降，本人の住所又は居所に変化はありましたか。

□　以下のとおり変わらない　　　□　以下のとおり変わった

（「以下のとおり変わった」と答えた場合）住所又は居所が変わったことが確認できる資料（住民票，入院や施設入所に関する資料等）を，この報告書と共に提出してください。

【住民票上の住所】

【現在，実際に住んでいる場所】（入院先，入所施設などを含みます。）

(2)　前回の定期報告以降，本人の健康状態や生活状況に変化はありましたか。

□　変わらない　　　　□　以下のとおり変わった

2　本人の財産状況について

（財産管理に関する代理権が付与されていない保佐人・補助人は回答不要です。）

(1)　前回の定期報告以降，定期的な収入（年金，賃貸している不動産の賃料など）に変化はありましたか。

□　変わらない　　　　□　変わった

（「変わった」と答えた場合）いつから，どのような定期的な収入が，どのような理由により，１か月当たりいくらからいくらに変わりましたか。以下にお書きください。また，額が変わったことが確認できる資料をこの報告書と共に提出してください。

変わった時期	変わった収入の種類	変わる前の額 (1か月分/円)	変わった後の額 (1か月分/円)	変わった理由	額が変わったことの分かる資料
年　　月					
年　　月					
年　　月					

※年金など２か月に１回支払われるものについても，１か月あたりの金額を記載してください。

第2章

(2)　前回の定期報告以降，１回につき１０万円を超える臨時の収入（保険金，不動産売却，株式売却など）がありましたか。

　　□　ない　　　□　ある

　　（「ある」と答えた場合）いつ，どのような理由により，どのような臨時収入が，いくら入金されましたか。以下にお書きください。また，臨時収入があったことが確認できる資料をこの報告書と共に提出してください。

収入があった日	臨時収入の種類	収入額（円）	収入があった理由	収入の裏付資料
・　・				
・　・				
・　・				
・　・				

(3)　前回の定期報告以降，本人が得た金銭は，全額，今回コピーを提出した通帳に入金されていますか。

　　□　はい　　　□　いいえ

　　（「いいえ」と答えた場合）入金されていないお金はいくらで，現在どのように管理していますか。また，入金されていないのはなぜですか。以下にお書きください。

　　　　..
　　　　..
　　　　..

(4)　前回の定期報告以降，定期的な支出（生活費，入院費，住居費，施設費など）に変化はありましたか。

　　□　変わらない　　　□　変わった

　　（「変わった」と答えた場合）いつから，どのような定期的な支出が，どのような理由により，１か月当たりいくらからいくらに変わりましたか。以下にお書きください。また，額が変わったことが確認できる資料をこの報告書と共に提出してください。

変わった時期	変わった支出の種類	変わる前の額 (1か月分/円)	変わった後の額 (1か月分/円)	変わった理由	額が変わったことの分かる資料
年　　月					
年　　月					
年　　月					

(5)　前回の定期報告以降，１回につき１０万円を超える臨時の支出（医療費，修繕費，自動車購入，冠婚葬祭など）がありましたか。

　　□　ない　　　□　ある

　　（「ある」と答えた場合）いつ，どのような理由により，どのような臨時支出が，いくら出金されましたか。以下にお書きください。また，臨時支出があったことが確認できる資料をこの報告書と共に提出してください。

支出のあった日	臨時支出の種類	支出額（円）	支出があった理由	支出の裏付資料
・　・				
・　・				
・　・				
・　・				

(6)　前回の定期報告以降，本人の財産から，本人以外の人（本人の配偶者，親族，後見人自身を含みます。）の利益となるような支出をしたことがありますか。

　　□　ない　　　□　ある

　　（「ある」と答えた場合）誰のために，いくらを，どのような目的で支出しましたか。以下にお書きください。また，これらが確認できる資料をこの報告書と共に提出してください。

　　...

　　...

| 3　同意権・取消権について | （保佐人，補助人のみ回答してください。） |

(1)　前回の定期報告以降，同意権を行使しましたか（今後，行使する予定がありますか。）。

　　□　行使していない（予定していない）　　　□　行使した（予定がある）

　　（「行使した（予定がある）」と答えた場合）その時期と内容はどのようなものですか。以下にお書きください。また，これらが確認できる資料をこの報告書と共に提出してください。

　　...

　　...

　　...

(2)　前回の定期報告以降，取消権を行使しましたか（今後，行使する予定がありますか。）。

　　□　行使していない（予定していない）　　　□　行使した（予定がある）

　　（「行使した（予定がある）」と答えた場合）その時期と内容はどのようなものですか。以下にお書きください。また，これらが確認できる資料をこの報告書と共に提出してください。

　　...

　　...

　　...

| 4　あなたご自身について | （全員回答してください。）

次の(1)から(3)までについて，該当するものがありますか。

　　(1)　他の裁判所で成年後見人等を解任されたことがありますか。

　　　　□　ない　　　　□　ある

　　(2)　裁判所で破産の手続をとったが，まだ免責の許可を受けていないということがありますか。

　　　　□　ない　　　　□　ある

　　(3)　あなた自身や，あなたの配偶者，親又は子が，本人に対して訴訟をしたことがありますか。

　　　　□　ない　　　　□　ある

| 5　その他 | （全員回答してください。）

上記報告以外に裁判所に報告しておきたいことはありますか。

　　□　特にない　　　□　以下のとおり

　　...

　　...

※　□がある箇所は，必ずどちらか一方の□をチェック（レ点）するか，又は塗りつぶしてください。
※　完成したら，裁判所に提出する前にコピーを取って，次回報告まで大切に保管してください。
※　報告内容に不明な点などがある，必要な資料が提出されないなどの場合には，詳しい調査のため調査人や監督人を選任することがあります。

第２章

書式３－７－１　財産目録（東京家庭裁判所のもの）

開始事件 事件番号　　　　年（家）第　　　　号　【本人氏名：　　　　　　　　　　】

財 産 目 録 （令和　　　年　　月　　　日現在）

令和　　　年　　月　　　日　　作成者氏名　　　　　　　　　　印

本人の財産の内容は以下のとおりです。

1　預貯金・現金

金融機関の名称	支店名	口座種別	口座番号	残高（円）	管理者
		支援信託			
		支援預金			
	現　金				

合　計　　　　　　　　　　　
前回との差額　　　　　　　　　（増・減）

（2から7までの各項目についての記載方法）
・**初回報告の場合**→すべて右の□をチェックし，別紙も作成してください。
・**定期報告の場合**→財産の内容に変化がない場合→左の□にチェックしてください。該当財産がない場合には，（ ）内の□
　　　　　　　　　　　　　　　　　　　　　　　にもチェックしてください。
　　財産の内容に変化がある場合→右の□にチェックした上，前回までに報告したものも含め，該当する
　　　　　　　　　　　　　　　項目の現在の財産内容すべてを別紙にお書きください。

2　有価証券（株式，投資信託，国債，外貨預金など）

□　前回報告から変わりありません(□該当財産なし)　　　□　前回報告から変わりました（別紙のとおり）

3　不動産（土地）

□　前回報告から変わりありません(□該当財産なし)　　　□　前回報告から変わりました（別紙のとおり）

4　不動産（建物）

□　前回報告から変わりありません(□該当財産なし)　　　□　前回報告から変わりました（別紙のとおり）

5　保険契約（本人が契約者又は受取人になっているもの）

□　前回報告から変わりありません(□該当財産なし)　　　□　前回報告から変わりました（別紙のとおり）

6　その他の資産（貸金債権，出資金など）

□　前回報告から変わりありません(□該当財産なし)　　　□　前回報告から変わりました（別紙のとおり）

7　負債（立替金など）

□　前回報告から変わりありません(□該当 なし)　　　□　前回報告から変わりました（別紙のとおり）

令2.4 版

図表3-7-2　財産目録別紙（東京家庭裁判所のもの）

（別紙）

2　有価証券（株式，投資信託，国債，外貨預金など）

種　類	銘柄等	数量（口数，株数，額面等）	評価額（円）
合　計			

3　不動産（土地）

所　在	地　番	地　目	地積（㎡）	備　考

4　不動産（建物）

所　在	家屋番号	種　類	床面積(㎡)	備　考

5　保険契約（本人が契約者又は受取人になっているもの）

保険会社の名称	保険の種類	証書番号	保険金額（受取額）（円）	受取人

6　その他の資産（貸金債権，出資金など）

種　類	債務者等	数量（債権額，額面等）

7　負債（立替金など）

債権者名（支払先）	負債の内容	残額（円）	返済月額・清算予定
合　計			

令2.4 版

第2章

り消されるか、または本人が死亡するまで続く、息の長い仕事です。

その間に本人や後見人の氏名・住所などの変更があったときは、家庭裁判所へ速やかに報告し、かつ、その変更の登記も申請しなければなりません。

なお、住民票上の住所異動を伴わない居所の変更であっても、変更後の新たな連絡先などを家庭裁判所に連絡（書式３－８）しておくべきです。

(イ)　財産管理や療養看護の方針を変更するとき

高額な商品の購入・処分、自宅のリフォーム工事、遺産分割・相続放棄など、財産管理の方針を変更するとき、あるいは在宅では生活が困難となって施設に入所するなど療養看護の方針を変更するときは、事前に家庭裁判所へ報告（書式３-８）をし、必要に応じて家庭裁判所の指示や助言を受けるようにします。

(ウ)　判断に迷うとき

後見人は、後見事務を行う中で疑問が生じたり、判断に迷うことが少なくありません。その場合、後見人の責任において自ら判断することが原則ですが、後日その行為が不適切と評価されてしまうリスクを伴います。そこで、まずは家庭裁判所から配布されたハンドブックなどを確認し、それでも問題が解決しないときは、家庭裁判所に連絡票（書式３－８）を郵送またはファクシミリにより送信し、後見人としての方針や判断を示したうえ、家庭裁判所の見解を求めておく慎重さも必要でしょう。

(c)　報告書を提出しなかったらどうなるか

家庭裁判所は、定期的に提出される報告書をとおして後見事務の状況を調査し、報告書の内容等に不明な点があれば電話や書面で確認し、必要に応じて、後見人を家庭裁判所に呼んで説明を求めるなどしています。その結果、もし後見人に「不適切な行為」があって、その行為に合理的な説明がつかないとすれば、後見人を解任して、他の適切な後見人を選任することになります。

家庭裁判所から後見事務の報告を求められた後見人が、指定された期限を厳守して報告書を提出することは、当然の責務です。家庭裁判所から報告書の提出を督促されながら、多忙などを理由に応じなかったり、不完全な報告書しか提出しないとすれば、そのこと自体が「不適切な行為」にあたります。調査の結果、後見事務の内容に問題がなかったとしても、容認されるものではありません。

後見人が、正当な理由なく指定された時期までに報告書を提出しない（不完全な報告書を提出する場合も同様です）ときは、司法書士や弁護士等の専門職を後見人に追加選任したり、監督人を選任したりすることになります。家庭裁判所によっては、その前段階として専門職を調査人に選任し、後見事務や財産状況の調査

書式3−8　連絡票（東京家庭裁判所のもの）

基本事件番号　　　　　　　年(家) 第　　　　　　　　号

☐　東京家庭裁判所　後見センター　　御中

☐　東京家庭裁判所　立川支部後見係　御中

連　絡　票

令和　　　　　　　年　　　月　　　日

（本人　　　　　　　　　　　　　　　　）

後見人等　　　　　　　　　　　　　　　印

住所

電話番号（日中連絡がとれる番号をお書き下さい。）

下記のとおり連絡いたします。

記

※　ハンドブック２９頁以降の記載例を参考に記載してください。後見人等の示した方針について，不明な点や問題点がある場合に限り，連絡票の送付を受けてから２週間以内に裁判所から電話で連絡します。

※　上記期間内に裁判所から連絡がない場合は，後見人等が示した方針で進めていただいて差し支えありません。

※　上記期間を待つことのできないお急ぎの事情がある場合は，その旨を連絡票に記載してください。

第2章

を命じることもあります。いずれにしても、報告書等を提出しないことは後見人の重大な任務違反になるため、このことのみをもって後見人を解任されることがあります。

　指定された時期に、自主的な報告を求める家庭裁判所が増えていることは、すでに述べたとおりです。この場合、家庭裁判所からの通知はありませんので、万一にも提出期限を失念することがないよう、提出時期は厳重に管理しなければなりません。もし期限内に報告書等を提出できないやむを得ない事情があるときは、必ず、事前に家庭裁判所へ連絡してください。

(C)　保佐人・補助人が報告する際の注意点

(a)　保佐人の報告義務の内容

　保佐事務の特徴として、法律で定められた一定の法律行為（借金をすることや、保証人になること、不動産その他の高価な財産を売買・賃貸することなど）について、本人が保佐人の同意なしに行ったときはこれを取り消すことができること、また、保佐人が本人を代理して契約など特定の法律行為（不動産の売買など）を行う必要がある場合、必要な代理権を家庭裁判所から付与され、保佐人が本人に代わってその行為を行うことができること、があげられます。

　そこで、保佐人は、本人の利益が十分に守られるよう、家庭裁判所から監督を受けながら、保佐人として適切に職務を行っていくことになります。そして、成年後見人の場合と同様、保佐人は、こうした保佐事務の状況を決められた時期に家庭裁判所（保佐監督人がいる場合は保佐監督人）へ報告（書式3－6）し、また、必要に応じて指示等を受けることになります。

(b)　補助人の報告義務の内容

　補助事務の特徴として、本人がする特定の法律行為（借金をしたり、保証人になること、不動産や高価な財産を売買したり、賃貸することなど）について同意する同意権や、補助人が本人を代理して契約など必要な特定の行為（不動産の売買など）について代理権を付与され、補助人が本人に代わってその行為を行うことができること、があげられます

　そこで、補助人は、本人の利益が十分に守られるよう、家庭裁判所から監督を受けながら、補助人として適切に職務を行っていくことになります。そして、成年後見人の場合と同様、補助人は、こうした補助事務の状況を決められた時期に家庭裁判所（補助監督人がいる場合は補助監督人）へ報告（書式3－6）し、また、必要な指示等を受けることになります。

(3)　監督人への報告

(A)　監督人が選任されるのはどのような場合か

家庭裁判所は、必要があると認めるときは、申立てに基づきまたは職権で、監督人を選任することができます。後見開始の審判と同時に監督人を選任することができるだけでなく、家庭裁判所が監督をしている過程において何らかの問題が発覚したことを受けて事後的に監督人を選任することもあります。

家庭裁判所が「必要があると認めるとき」とは、以下のような場合が考えられます。

①　本人の資産が多額で家庭裁判所が定める一定の基準を超えている。

②　管理すべき財産の内容が複雑である。

③　親族間に財産の管理や身上の保護の方針をめぐって対立がある。

④　遺産分割協議など利益相反が予想される。

⑤　後見事務の処理に不適切な兆候がみられる。

⑥　報告書の提出を怠り、あるいは不完全な報告書しか提出しない。

(B)　監督人の主な職務の内容

監督人の主な職務は、後見人の事務を監督し、緊急時には後見人に代わって後見事務を行い、後見人と本人との利益が相反する行為について本人を代理するなどのことです。

成年後見人の最初の仕事は、本人の財産を調査してその財産目録を作成することですが、成年後見監督人がいる場合はその立会いもってこれを行う必要があり（民法853条2項）、その立会いを欠く財産の調査や財産目録の作成は効力を生じません。なお、保佐監督人・補助監督人の場合は、財産の調査等に立会う規定を準用していませんが、必要に応じて財産目録等の提出を求めて保佐人・補助人の事務を監督することは、後見人の場合と変わりません。

また、後見人が、本人に代わって借金をしたり、不動産その他重要な財産に関する契約などをする場合は、監督人の同意を得る必要があります（なお、居住用不動産の処分をするときには、監督人の同意に加えて、家庭裁判所の許可が必要です（民法859条の3））。

(C)　市民後見人が選任される事案では監督人が選任されることが多い

市民後見人は、いまだ選任件数は少ないものの、成年後見制度利用促進法とこれに基づき策定された基本計画を契機とし、今後、市民後見人の育成・活用が一層推進されることが期待されています。

市民後見人の活動形態はさまざまですが、自治体主導で養成した市民を個人と

第2章

して市民後見人に選任するケースでは、後見実施機関である社会福祉協議会や成年後見支援センターを監督人に選任することが多いようです。

これは、通常の監督人の役割に加え、市民後見人の活動を支える役割を社協等に求めているからにほかなりませんが、それは市民後見人にとっても、地域の福祉活動の拠点として組織された社協等のきめ細かい相談・助言などのバックアップを受け、安心してその活動に専念できるという長所があります。

他方、監督人の職務の基本は、本人の利益が十分守られるよう、家庭裁判所に代わって厳正かつ適切に後見事務を監督することですから、後見人と一定の距離感を保つことも必要です。

(D)　監督人に対する報告

監督人は、家庭裁判所と同様に、いつでも、後見人に対し後見事務の報告や財産目録の提出を求めること、後見事務や本人の財産の状況を調査すること、一定の時期に後見事務の状況を報告させることなどができ、家庭裁判所と同様の監督権限があります。

ただ、監督人は、家庭裁判所以上にきめ細かな監督事務と一定の支援機能を期待されることが多いため、一般には、数カ月ごとに、後見人から後見事務報告書や通帳、金銭出納帳等の提出を受け、あるいは通帳原本の提示を求めるなどして監督事務を行うことになります。

監督人がいる場合、後見人に指導や助言を行うのは監督人であって、家庭裁判所ではありません。後見人は、後見事務の状況についての報告を監督人に対して行い、もし後見事務を行う中で判断に迷うような場合、まずは監督人に連絡をすることになります。つまり、後見人は、監督人の指導監督を受けながら、その一方で、後見事務を適正かつ円滑に行うために協働することが求められます。

後見人の監督人に対する報告は、家庭裁判所に提出する内容と基本的に変わりませんので、前に掲載した各書式に準じた内容の報告書や財産目録その他の資料を監督人に提出します。

報告書等の提出を受けた監督人は、報告内容や整合性などを精査したうえ、一定の時期に監督事務の経過や結果等を家庭裁判所に報告します。

後見人が監督人に対する報告を怠った場合（たとえば、再三の督促にもかかわらず事務報告書を提出しなかったり、事実関係の不明な点についての照会に対して適切な回答をしないなど）、監督人は、家庭裁判所に対し、本人の財産の管理その他後見事務について必要な処分を求め、最終の手段として、後見人の解任を請求することがあります。

　本人の財産を管理し、本人の身上の保護を図る義務がある後見人は、その後見活動の適正さを担保するために後見事務の状況等を報告するものであり、そのしくみによって成年後見制度に対する国民の信頼が高まり、本人の利益が守られているということを強く意識する必要があります。

（第2章Ⅴ　杉山　春雄）

第3章

後見終了時の実務

Ⅰ　後見終了の原因

●この節で学ぶこと●

　後見が終了する原因としてどのようなことが定められているかを学び、後見人の責任を意識します。

1　成年後見の終了原因は大きく分けて2つある

　成年後見の終了原因は、大きく分けて2つあります。絶対的終了原因（後見を必要としない状態となる場合）と相対的終了原因（後見そのものは終了しないで、後見人の交替が生じて、その後見人の任務が終了する場合）です（図表3－16）。

　絶対的終了原因としては、①本人の死亡、②後見開始の審判の取消しがあります。相対的終了原因としては、①後見人の死亡、②後見人の辞任、③後見人の解任、④後見人が欠格事由にあたる状態になったこと、があります。

　終了原因のほとんどは、本人の死亡です。本人の死亡による後見終了時の手続については Ⅲ で説明することとし、以下では、本人の死亡以外の終了事由について簡単に説明します。

図表3－16　成年後見の終了原因

絶対的終了原因
①　本人の死亡
②　後見開始の審判の取消し

相対的終了原因
①　後見人の死亡
②　後見人の辞任
③　後見人の解任
④　後見人の欠格事由該当

2　審判の取消し

　本人の判断能力が回復して後見を必要としない状態となった場合は、本人・四親等内の親族・後見人等の申立てによって、後見開始の審判が取り消されます（民法10条）。成年被後見人の判断能力が、保佐や補助のレベルまで回復した場合において、保佐開始または補助開始の審判がされたとき（民法876条の2第1項・876条の7第1項）も同様です。

3　後見人の死亡

　後見人が死亡したときは、本人とその後見人との間の後見事務は終了します。この場合、死亡した後見人の相続人が、終了後の事務処理（管理の計算）をすることになります（民法870条）。そして、本人のために、申立てによりまたは職権で、家庭裁判所が、後任の後見人を選任することになります（民法843条2項）。

4　後見人の辞任

　後見人は、正当な事由があるときは、家庭裁判所の許可を得て、辞任することができます（☞Ⅱ）。辞任する後見人は、本人のために、後任の後見人の選任を家庭裁判所に請求しなければなりません（民法844条・845条）。

5　後見人の解任

　後見人に不正な行為、著しい不行跡その他後見の任務に適しない事由があるときは、家庭裁判所は、申立てにより、または職権で、後見人を解任することができます。この場合も、家庭裁判所は、申立てによりまたは職権で新たな後見人を選任することになります（ただし、数人の後見人のうち1人を解任した場合には、新たな後見人を選任しないこともあります）。

　後見人を解任されたことは、後見人の欠格事由にあたりますから（民法847条）、その人は、後見人になることができなくなります。

6　後見人の欠格事由にあたる状態となったこと

　後見人が選任された後に欠格事由に該当することとなったときには、後見人は当然にその地位を失います。欠格事由としては、たとえば、後見人が破産者となること、被後見人に対して訴訟を起こすこと、行方不明者となることなどです（民法847条）。この場合も、申立てによりまたは職権で新たな後見人を選任することになります。

Ⅱ　後見人の辞任手続

●この節で学ぶこと●

後見人は、家庭裁判所が正当な事由があると認めた場合にしか辞任することができません。これは、本人を支援する人がいなくなっては、本人の権利や生活をまもることができなくなりますが、転居や体調不良などといったやむを得ない理由により、後見人を辞任せざるを得ない場合もあるからです。その場合に、本人に不利益をもたらさないよう、また後任の後見人に円滑に事務を引き継ぐことができるようにするための、必要な手続を学習します。

1　後見人が辞任するには家庭裁判所の許可が必要

Ⅰで説明した後見終了の原因の中で、市民後見人にとって、特に理解しておくべき終了原因として、後見人の辞任があります。

後見人は、自由に辞任することは認められていません。これは、成年後見制度が、判断能力が不十分な人の権利を擁護するための制度であって、もし、自由に辞任ができるとしたら、本人の利益を害するおそれがあるからです。

したがって、後見人は、みずから辞任許可の審判申立てをして、家庭裁判所が、正当な事由があると認めて辞任許可の審判をした場合に限って、辞任することができます（民法844条）。

正当な事由がある場合とは、具体的には、次のようなケースをいいます。

① 　後見人が、職場や家庭の事情で、遠方に住居を移さなければならなくなり、後見事務を遂行していくことに支障が生じたとき

② 　後見人が高齢になり、または、病気にかかり、後見事務を行うことに支障が生じたとき

③ 　本人またはその親族との間に不和が生じ、後見事務を遂行していくことが困難となったとき

④ 　後見人の職務が長期間にわたり、その負担が過重になっている場合

2　辞任の許可を求める申立ての手続

(1)　申立て先

後見開始の審判をした家庭裁判所に申し立てます（家事事件手続法117条2項）。

(2)　申立ての手続と書式

(A)　申立書の書き方

申立書については、書式3-9をご覧ください。辞任の理由を、「申立ての理由」の欄に記載しています。ここでは、辞任の理由について、「高齢」と「病気」をあげています。「申立ての趣旨」は、決まり文句ですから、記載例のとおり書いてください。

なお、申立書のひな型は、裁判所のホームページからダウンロードすることができます。

(B)　申立費用

申立ての手数料は、800円です。収入印紙で納めることになります。登記手数料として、収入印紙（1400円）も予納することが必要です。申立書の右上の欄に800円分の収入印紙を貼ります。この印紙に押印しないようにしてください。

また、書類を送達するなどのために、郵便切手を概算で予納します。その切手の種類や金額については、家庭裁判所によって取扱いが異なっていますので、申立て先の家庭裁判所に確認してください。

なお、辞任申立手続の費用（収入印紙代、予納切手代など）は、原則として、申立人である後見人の負担となります。もし、被後見人が負担するのが妥当だと考える場合は、その旨上申し、家庭裁判所の審判の結果に委ねることになります。

(C)　添付書類

①申立人の戸籍謄本、②本人の戸籍謄本、戸籍附票等を添付するように求められることがあります。添付書類についても、家庭裁判所によって取扱いが異なっていますので、申立て先の家庭裁判所に確認してください。

3　辞任に伴って生ずる事務

(1)　後見人選任の申立て

後見人の辞任によって、新たに後見人を選任する必要が生じたときは、辞任した後見人は、遅滞なく、後任の後見人を選任するための申立てを家庭裁判所にし

書式3－9　辞任許可の申立書

	受付印	家 事 審 判 申 立 書　事件名（　成年後見人の辞任許可）

		（この欄に申立手数料として1件について800円分の収入印紙を貼ってください。） 印　紙 　　　　　　　　　　　　　（貼った印紙に押印しないでください。） （注意）登記手数料としての収入印紙を納付する場合は，登記手数料としての収入印紙は貼らずにそのまま提出してください。

収入印紙	円
予納郵便切手	円
予納収入印紙	円

準口頭		関連事件番号　平成・令和　　　　年（家　　　）第　　　　　　　　　　　　　　　号

○　○　家 庭 裁 判 所 御 中 令和 ○ 年 ○ 月 ○ 日	申　立　人 （又は法定代理人など） の 記 名 押 印	甲　野　夏　男　　㊞

添付書類	※　必要な添付書類を提出していただきます。

	本　籍 （国　籍）	（戸籍の添付が必要とされていない申立ての場合は，記入する必要はありません。） 　　　　　　都 道 　　　　　　府 県
申 立 人	住　所	〒 ○○○ － ○○○○　　　　　　　　　電話　○○○（○○○　）○○○○ ○○県○○市○町○番○号○○ハイツ桜山23号室 　　　　　　　　　　　　　　　　　　　　　　　（　　　　　　　方）
	連絡先	〒　　－ （注：住所で確実に連絡ができるときは記入しないでください。）　電話　（　　　　） 　　　　　　　　　　　　　　　　　　　　　　　（　　　　　　　方）
	フリガナ 氏　名	コ ウ ノ　　　ナ ツ　　　オ 甲　野　夏　男	昭和 平成 ○ 年 ○ 月 ○ 日生 令和 （　○○　歳）
	職　業	会　社　員

※ 成 年 被 後 見 人	本　籍 （国　籍）	（戸籍の添付が必要とされていない申立ての場合は，記入する必要はありません。） 　　　　　　都 道 　　　　　　府 県
	住　所	〒 ○○○ － ○○○○　　　　　　　　　電話　○○○（○○○　）○○○○ △△県○×市○×町○丁目○○番○号 　　　　　　　　　　　　　　　　　　　　　　　（　　　　　　　方）
	連絡先	〒　　－　　　　　　　　　　　　　　　電話　（　　　　） 　　　　　　　　　　　　　　　　　　　　　　　（　　　　　　　方）
	フリガナ 氏　名	コ ウ ノ　　　タ ロ ウ 甲　野　太　郎	昭和 平成 ○ 年 ○ 月 ○ 日生 令和 （　○○　歳）
	職　業	無　職

（注）　太枠の中だけ記入してください。
※の部分は，申立人，法定代理人，成年後見人となるべき者，不在者，共同相続人，被相続人等の区別を記入してください。

別表第一（1／2）

申　立　て　の　趣　旨

成年被後見人の成年後見人を辞任することを許可する旨の審判を求めます。

申　立　て　の　理　由

1　申立人は，平成○○年○月○日，○○家庭裁判所において，成年後見人に選任され，これまで

　職務を行ってきました。

2　申立人は，現在○○歳と高齢になり，またリウマチを患い車イスを使用しており，成年後見

　人として職務を適正に行うことが困難となりましたので，成年後見人を辞任したいと思います。

3　よってこの申立てをします。

別表第一（　2 ／2　）

（出典）裁判所ホームページ

第3章

なければなりません（民法845条）。通常は、辞任許可を求める審判の申立てと同時に、後任の後見人選任の申立てを行います。

(2)　家庭裁判所に後見事務終了の報告をする

辞任の許可がされた場合、後見人は、家庭裁判所に対して、その時点での財産目録を添付し、前回の報告以降に行った財産管理事務、身上保護事務の内容について報告しなければなりません（☞第２章Ⅴ）。

(3)　新しい後見人に管理の計算（財産目録の作成等）をして報告する

後見人は、辞任の許可がなされてから２カ月以内に、管理の計算をして、新しく選任された後見人に報告する必要があります（民法870条）（☞Ⅲ）。

(4)　変更（後見人の辞任）の登記がされる

後見人の辞任を許可する審判があると、家庭裁判所の裁判所書記官が、後見変更の登記を嘱託します。

本人が死亡したことによって後見が終了した場合には、後見人が後見終了の登記を申請しなければならないのですが、辞任の場合は家庭裁判所の裁判所書記官が登記を嘱託します。

(5)　家庭裁判所に報酬付与の申立てを行う

市民後見人が報酬付与を受ける場合には、家庭裁判所に報告書（財産目録を含みます）を提出するとともに、報酬付与の申立てを行います（☞Ⅲ）。

(6)　後任の後見人への財産の引継ぎ（後見人の交替）

家庭裁判所によって、新たな後見人が選任された場合、辞任した後見人は、管理の計算をして、新しい後見人に報告しなければなりません。また、それまで管理してきた本人の財産をすべて引き渡さなければなりません。

そして、辞任した後見人は、新しい後見人から財産の引継書を受け取り、家庭裁判所に、財産の引継ぎが完了した旨を報告することになります。

Ⅲ　本人の死亡による後見終了時の手続

●この節で学ぶこと●

　本人の死亡によって後見が終了した場合については、さまざまな問題があり、後見実務においても悩む場面の出てくることが少なくありません。第1巻第3章Ⅰで学んだ相続や遺言の知識を前提に、まずは基本をしっかりと学びましょう。

1　本人の死亡による終了事務は慎重に対応する

　本人が死亡したことによって、後見は絶対的に終了します。ここでは、本人が死亡した後、後見人が法律上行わなければならない事務について説明します（図表3－17）。

　本人の死亡による後見終了時の手続は、難しい問題を含んでいます。市民後見人がこれらの事務を行うにあたっては、成年後見支援センターの支援を受けながら慎重に対応することが求められます。そして、家庭裁判所とも相談しながら事務処理をするように心がけてください。

2　終了の報告

(1)　相続人に報告をする――管理の計算

(A)　管理の計算

　管理の計算とは、後見人の在職中に生じた本人の財産の変動、すなわち後見事務の執行に関して生じた一切の財産上の収入および支出を明確にし、財産の現在額を計算することです。

　後見人は、本人が死亡してから2カ月以内に、後見事務の管理の計算をしなければなりません（民法870条）。合理的な理由があって2カ月以内に管理の計算をすることができない場合には、家庭裁判所に対して、期間を延ばしてもらうように申立てをする必要があります。

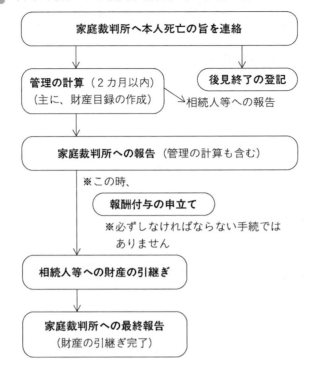

図表3－17　本人の死亡による後見事務終了時の手続の流れ

家庭裁判所へ本人死亡の旨を連絡

管理の計算（2カ月以内）
（主に、財産目録の作成）

後見終了の登記

相続人等への報告

家庭裁判所への報告（管理の計算も含む）

※この時、

報酬付与の申立て

※必ずしなければならない手続では
ありません

相続人等への財産の引継ぎ

家庭裁判所への最終報告
（財産の引継ぎ完了）

(B)　監督人がいる場合には管理の計算をする際に監督人の立会いが必要となる

監督人が選任されている場合は、管理の計算をする際に、監督人の立会いが必要とされています（民法871条）。監督人の立会いなしに行われた管理の計算は無効と考えられていますので、注意しなければなりません。

(C)　報告する相手先は相続人

管理の計算を報告する相手について、民法は規定していませんが、本人の相続人と考えられています。相続人が複数いる場合、相続人の1人に報告すれば足りるのか、それとも相続人の全員に報告しなければならないかについては考え方が分かれています。市民後見人としては、少なくとも連絡先がわかっている相続人に対しては報告を行い、連絡先が不明な相続人については後日報告を求められたときに対応できるようにしておくのが望ましいと思います。

(D)　作成する必要書類

報告書類としては、原則として、後見人に就任した時点と終了した時点の財産目録、その間の収入と支出の明細を明らかにした書類を添付すべきです（財産目録の作成の仕方については、第1章Ⅲ参照）。

しかし、市民後見人にとって、在職期間が長い場合に、収支明細表を作成することは多大な負担となるでしょう。

　市民後見人が受任するのは、通常、管理する財産の少ない事案が想定されていますので、ケース・バイ・ケースですが、最低限、就任時（後見開始時）および後見終了時点での財産目録を作成するということでよい場合が多いでしょう。

(2)　家庭裁判所に報告をする

　本人が死亡したときには、速やかに裁判所書記官に電話し、その旨を連絡します。

　そして、管理の計算が終了したら、家庭裁判所に対して、本人が死亡した旨をあらためて報告し（死亡診断書のコピーまたは本人死亡の記載がある戸籍謄本を添付します）、財産目録を添付し、前回報告した時点以降の事務について報告をすることになります（民法863条）。

　この場合において、市民後見人が報酬を請求するときは、報酬付与の審判を申し立てることとなります（☞ 4 ）。

　そして、管理財産の引渡し（☞ 5 ）が完了した時点で、家庭裁判所に対してその旨の最終報告をすることになります。添付書類としては、正当な権限のある管理財産の受取人（通常は、相続人です）の署名・捺印のある受取書のコピーを提出します。

3　後見終了の登記

(1)　申請書の書き方と受付先

　後見人は、本人が死亡したときは、後見終了の登記を申請しなければなりません（後見登記法 8 条 1 項）。後見終了の登記申請書の書き方は図表 3 − 18のとおりです。申請書の様式は、法務局のホームページからダウンロードすることができます。

　後見の登記の申請は、東京法務局（後見登録課）以外では受け付けていませんので、注意してください。東京法務局に、申請書を持参し、または郵送で提出することになります。

(2)　添付書類

　東京法務局（後見登録課）において、住民基本台帳ネットワークを利用して本人の死亡の事実を確認できることがほとんどですから、添付書類は原則として不要と考えてよいと思います。ただし、東京法務局において本人の死亡の事実を確認できない場合には、本人が死亡したことを証明する書類として、本人の死亡診断書のコピー、戸籍謄本（本人の死亡の旨の記載があるもの）等を添付することが

第3章

図表3−18　登記申請書（終了の登記）記載例

※記載例（1）（成年被後見人の死亡による終了の登記申請を成年後見人が行う場合）　東京法務局　御中

登記申請書（終了の登記）　令和　元年　5月　9日申請

1　申請人等

ｱ 申請される方（申請人）	住　所	東京都台東区台東1丁目26番2号	
	氏　名	後見　太郎	印
	資　格(本人との関係)	成年後見人　連絡先(電話番号)	090−○○△△−××□□

（注）申請人が法人の場合は、「名称又は商号」「主たる事務所又は本店」を記載し、代表者が記名押印してください。

ｲ 上記の代理人（上記の申請人から委任を受けた方）	住　所		
	氏　名		印
	連絡先(電話番号)		

（注1）代理人が申請する場合は、ｱの欄とともにｲの欄にも記入してください（この場合ｱの欄の押印は不要です。）。

（注2）代理人が法人の場合は、「名称又は商号」「主たる事務所又は本店」を記載し、代表者が記名押印してください。

2　登記の事由

ｱ 終了の事由	☑成年被後見人の死亡，□被保佐人の死亡，□被補助人の死亡，□任意後見契約の本人の死亡，□任意後見受任者の死亡，□任意後見人の死亡，□任意後見契約の解除，□その他（　　　　　　　　　　　）

（記入方法）上記の該当事項の□に☑のようにチェックしてください。

ｲ 終了の年月日	平成・令和　元　年　　　5月　　7日　※（注）参照

（注）○死亡の場合は，その死亡日　○任意後見契約の合意解除の場合は，合意解除の意思表示を記載した書面になされた公証人の認証の年月日等　○任意後見契約の一方の解除の場合は，解除の意思表示を記載した書面が相手方に到達した年月日等

3　登記記録を特定するための事項

（本人(成年被後見人,被保佐人,被補助人,任意後見契約の本人)の氏名は必ず記入してください。）

フリガナ	コウケン　ハルコ
本人の氏名	後見春子　※本人(成年被後見人,被保佐人,被補助人,任意後見契約の本人)の氏名

（登記番号が分かっている場合は，本欄に登記番号を記入してください。）

登記番号	第　2011　−　55555　号

（登記番号が分からない場合は，以下の欄に本人の生年月日・住所又は本籍を記入してください。）

本人の生年月日	明治・大正・昭和・平成・令和／西暦　15　年　7月　12日生
本人の住所	東京都千代田区九段南1丁目1番15号　※本人の登記記録上の住所
又は本人の本籍（国籍）	

4　添付書類

該当書類の□に☑のようにチェックしてください。

①□法人の代表者の資格を証する書面（※申請人又は代理人が法人であるときに必要）

②□委任状　□その他（　　　　　　　　　　　）（※代理人が申請するときに必要）

③☑登記の事由を証する書面

ｱ死亡の場合（☑戸籍(除籍)の謄抄本(欄外注参照)，□死亡診断書，□その他（　　　　　　　））

ｲ□任意後見監督人選任前の一方的解除の場合（解除の意思表示が記載され公証人の認証を受けた書面＝配達証明付内容証明郵便の謄本＋配達証明書(はがき)）

ｳ□任意後見監督人選任前の合意解除の場合（合意解除の意思表示が記載され，公証人の認証を受けた書面の原本又は認証ある謄本）

ｴ□任意後見監督人選任後の解除の場合（上記ｲ又はｳの書面（ただし，公証人の認証は不要）＋家庭裁判所の許可審判書（又は裁判書）の謄本＋確定証明書）

ｵ□その他（　　　　　　　　　　　）

（注）死亡の場合，法務局において住民基本台帳ネットワークを利用して死亡の事実を確認することができるときは，戸籍（除籍）の謄抄本の添付等を省略することができます。法務局において死亡の事実を確認することができないときには，戸籍（除籍）の謄抄本等の送付をお願いすることがあります。

※登記手数料は不要です。

（出典）東京法務局ホームページ

必要です。

(3)　登記手数料

終了の登記についての登記手数料は、無料です。

(4)　申請書等を提出するところ

申請書および添付書類の送付（提出）先は、次のとおりです。

〒102-8226　東京都千代田区九段南1－1－15　九段第2合同庁舎（4階）
　　　　　　東京法務局民事行政部後見登録課

4　報酬付与の請求

(1)　市民後見人が報酬を受け取るべきかどうかについては意見が分かれている

市民後見人が報酬を受け取るべきか否かについては見解が分かれています。報酬を認める見解もありますので、取扱いについてはそれぞれの成年後見支援センター等に確認してください。ここでは、報酬付与のしくみとその手続について説明します。

(2)　報酬付与についての法律の規定

後見人の報酬は、当然に付与されるものではありません。本人の資力、後見事務の内容等により、家庭裁判所が、本人の財産の中から、相当な報酬を与えることができる、というしくみになっています（民法862条）。家庭裁判所の報酬付与の審判に対しては、不服申立てをすることはできないとされています。

通常は、後見人が家庭裁判所に後見事務報告を行うときに、あわせて報酬付与の申立ても行います。

家庭裁判所の報酬付与の審判があると、後見人は、管理している本人の財産の中から報酬金額を支出することになります（☞Ⅳ10）。

(3)　報酬付与の申立ての手続

(A)　申立書の書き方

前に説明したように、家庭裁判所に報告書（財産目録を含みます）を提出するとともに、報酬付与の申立てを行います。書式3－10は、東京家庭裁判所の様式で、申立書とともに報酬付与申立事情説明書を提出する取扱いになっています（なお、書式は家庭裁判所によって異なる場合もあります）。

(B)　申立費用

申立ての手数料は、800円です。収入印紙で納めます。申立書の右上の欄に800

第3章

165

書式3-10　報酬付与申立書・事情説明書（東京家庭裁判所のもの）

指定月＿＿月

| 受付印 | □成年後見人　□保佐人　□補助人　□未成年後見人
□監督人（□成年後見　□保佐　□補助　□任意後見
□未成年後見）に対する報酬付与申立書 |

この欄に収入印紙800円分を貼る。

（貼った印紙に押印しないでください。）

| 収入印紙　　800円 |
| 予納郵便切手　84円 |

| 準口頭 | 基本事件番号 | □平成
□令和 | 年（家　）第　　　　号 |

東京家庭裁判所　　　御中
　　　　□立川支部
令和　　年　　月　　日

申立人の記名押印　　　　　　　　　　　　　印

| 添付
書類 | □報酬付与申立事情説明書　□後見等(監督)事務報告書　□財産目録
□預貯金通帳の写し等　□
※後見登記事項に変更がある場合は□住民票　□戸籍抄本 |

| 申立人 | 住所又は事務所 | 〒　　－　　　　　　電話　　　（　　） |
| | 氏名 | |

| 本人 | 住所 | 〒　　－ |
| | 氏名 | |

※申立人欄は窓空き封筒の申立人の宛名としても使用しますので，パソコン等で書式設定する場合には，以下の書式設定によりお願いします。
（申立人欄書式設定）
　上端10.4cm
　下端14.5cm
　左端 3.3cm
　右端 5cm

| 申立ての趣旨 | 申立人に対し，相当額の報酬を与えるとの審判を求める。 |
| 申立ての理由 | 別添報酬付与申立事情説明書のとおり |

裁判所使用欄

1　申立人に対し{□就職の日 □平成 □令和　年　月　日}から{□終了の日 □平成 □令和　年　月　日}までの

報酬として，本人の財産の中から　　　　万　000　円（内税）を与える。

2　手続費用は，申立人の負担とする。
　　　令和　　年　　月　　日
　　　東京家庭裁判所　□家事第1部　□立川支部

　　　裁判官

	告知
受告知者 告知方法	申立人 □住所又は事務所に謄本送付 □当庁において謄本交付
年月日	令和　　・　　・ 裁判所書記官

R1.10版

基本事件番号　□平成　_____年（家）第_____号　本人 _____
　　　　　　　□令和

報酬付与申立事情説明書

第1　報酬付与申立時点において管理する流動資産の額（※1万円未満切り上げ）

1　現預金（※後見制度支援信託による信託財産を含まない。）　金_____万円

2　後見制度支援信託による信託財産　　　　　　　　　　　　　金_____万円

3　株式，投資信託等の金融資産（時価額）　　　　　　　　　　金_____万円
　（※保険，商品券，非上場株式等はここに含めないでください。）

第2　報酬付与申立期間（以下「申立期間」という。）及び申立期間中の収支

{ □就職の日 / □平成 / □令和　　年　月　日 } から { □終了の日 / □平成 / □令和　　年　月　日 } まで

申立期間中における本人の収支は，_____万円（※1万円未満切り上げ）
の（□黒字　□赤字）である。

第3　付加報酬の請求

□　付加報酬は求めない。

□　後見人等が本人のために行った，次頁以下にチェックした行為について，付加報酬を求める。

□　監督人が（□本人を代表した　□同意した），次頁以下にチェックした行為について，付加報酬を求める。

（次頁以下を記載する前に必ずお読みください）

1　次頁以下の行為について付加報酬を求めるときは，所定の箇所にチェックした上で，付加報酬を求める行為の内容を分かりやすく簡潔に記載してください（監督人が付加報酬を求める場合は，監督人として行った事務内容を具体的に記載してください。）。
　本件申立て前に裁判所に報告済みの事情であっても，それについて付加報酬を求める場合は，必ず次頁以下に記載してください。その際に，本件申立て前に裁判所に提出した報告書等を引用する場合は，作成日付及び表題によって報告書等を特定してください。

2　次頁以下の記載とは別に文書を作成し，それを別紙として引用する場合も，その文書に付加報酬を求める行為の内容を特定してください。業務日誌をそのまま別紙として引用した場合は，付加報酬を求める行為が特定できないため，報酬を付加することができません。

3　裏付資料を添付する場合は，付加報酬を求める行為の裏付けとなり得るものを厳選して添付してください。また，それぞれに①，②などと番号を付した上で，付加報酬を求める行為と裏付資料との対応関係が明らかになるようにしてください。

4　付加報酬を求める行為は，原則として申立期間中の行為に限られ，本人の経済的利益額も，原則として申立期間中に現に得たものに限られます。申立期間より前の行為により申立期間中に経済的利益を得た場合はその旨を明記し，申立期間中の行為につき申立期間内に経済的利益を得ていない場合は，次頁以下の1ないし6ではなく7に記載してください。

□1　**訴訟手続における訴訟行為**（添付資料___，___参照）
　※　非訟手続等を含みます。なお，申立期間中に確定判決等を得たが支払を受けていない場合は，後記7に記載してください。
(1)　事案の概要は，□備考欄のとおり　□添付資料___（訴状，判決書等）のとおり　□　　年　　月　　日付け報告書のとおり
(2)　訴訟行為は，□申立人が行った　□申立人が委任した弁護士が行った
(3)　**申立期間中**の，申立人による出廷や打合せの回数ないし内容，相手方の応訴姿勢，作成した書面の通数等の具体的事情は，□備考欄のとおり　□別紙のとおり　□特筆すべき事項なし
(4)　かかる訴訟行為の結果，**申立期間中**に本人が現に得た（又は減少を免れたことによる）経済的利益額（判決，和解等に基づく回収額等）は，_____万円（※1万円未満切り上げ）であった

□2　**調停及び審判手続における対応**（添付資料___，___参照）
　※　遺産分割調停及び審判を含みます。なお，相続放棄の申述は，後記7に記載してください。
(1)　事案の概要は，□備考欄のとおり　□添付資料___（調停調書，審判書等）のとおり　□　　年　　月　　日付け報告書のとおり
(2)　調停等対応は，□申立人が行った　□申立人が委任した弁護士が行った　□監督人が行った
(3)　**申立期間中**の，申立人による出廷や打合せの回数ないし内容，相手方の対応姿勢，作成した書面の通数等の具体的事情は，□備考欄のとおり　□別紙のとおり　□特筆すべき事項なし
(4)　かかる対応の結果，**申立期間中**に本人が現に得た（又は減少を免れたことによる）経済的利益額（調停，審判等に基づく回収額）は，_____万円（※1万円未満切り上げ）であった

第3章

□3　遺産分割協議，示談等の手続外合意における対応（添付資料＿＿＿，＿＿＿参照）

※　単独相続による遺産の受入処理は，後記7に記載してください。

(1)　事案の概要は，□備考欄のとおり　□添付資料＿＿（協議書等）のとおり　□　　年　　月　　日付け報告書のとおり

(2)　協議等の対応は，□申立人が行った　□申立人が委任した弁護士が行った　□監督人が行った

(3)　協議書等を主宰し，協議書等の案を作成したのは，□申立人である　□申立人ではない

(4)　**申立期間中**の，協議等に向けて申立人が行った作業，相手方の対応姿勢，協議等の回数ないし内容等の具体的事情は，□備考欄のとおり　□別紙のとおり　□特筆すべき事項なし

(5)　かかる対応の結果，**申立期間中**に本人が現に得た（又は減少を免れたことによる）経済的利益額（協議，合意等に基づく回収額）は，＿＿＿＿＿＿＿＿＿万円（※1万円未満切り上げ）であった

□4　不動産の任意売却（添付資料＿＿＿，＿＿＿参照）

(1)　不動産業者には，□依頼していない　□依頼したところ，その業者は以下の作業を行った

＿＿＿

＿＿＿

(2)　**申立期間中**，申立人は，不動産の任意売却のために以下の作業（相手方との交渉，業者対応，現地確認，居住用不動産処分許可申立て及びそれらにおける困難事情等を含む。）を行った

＿＿＿

＿＿＿

(3)　不動産の任意売却により，**申立期間中**に本人が現に得た経済的利益額（売却による収益額等）は，＿＿＿＿＿＿＿＿＿万円（※1万円未満切り上げ）であった

□5　保険金の請求手続（添付資料＿＿＿，＿＿＿参照）

(1)　申立人が請求手続のために収集した書類，資料等は，□添付資料＿＿（請求書等）に明記されているとおり（※明記がない場合→特に収集した書類等なし）　□以下のとおり　□特になし

＿＿＿

(2)　**申立期間中**の請求手続における困難事情等（保険会社との交渉の有無，その経過等）は，□以下のとおり　□特になし

＿＿＿

(3)　保険金の請求手続により，**申立期間中**に本人が現に得た経済的利益額（保険金取得による収益額等）は，＿＿＿＿＿＿＿＿＿万円（※1万円未満切り上げ）であった

□6　不動産の賃貸管理（添付資料＿＿＿，＿＿＿参照）

(1)　賃貸物件の概要（種類），物件数，賃借人数等は，□添付資料＿＿＿のとおり　□以下のとおり

＿＿＿

(2)　不動産業者には，□依頼していない　□依頼したところ，その業者は以下の作業を行った

＿＿＿

＿＿＿

(3)　**申立期間中**，申立人は，不動産の賃貸管理として以下の作業（賃借人との契約手続，賃料回収，賃料入金確認，修繕手配及び確認及びそれらにおける困難事情等を含む。）を行った

＿＿＿

＿＿＿

(4)　不動産の賃貸管理により，**申立期間中**に本人が現に得た経済的利益額（賃料収入による収益額等）は，＿＿＿＿＿＿＿＿＿万円（※1万円未満切り上げ）であった

□7　その他の行為（添付資料＿＿＿，＿＿＿参照）

(1)　上記1ないし6以外に，申立人が後見人等の通常業務の範囲を超えて行った，本人の財産管理，身上監護に関する行為（親族や本人との対応，不正等への対応，本人死亡に伴う対応等を含む。）は，□備考欄のとおり　□別紙のとおり

※　別紙を用いる場合も，その別紙には通常業務の範囲を超えて行った作業を特定して記載してください。業務日誌をそのまま別紙として引用した場合は，付加報酬を求める行為が特定できないため，報酬を付加することができません。

(2)　上記(1)の行為により，**申立期間中**に本人が現に得た　□経済的利益額は＿＿＿＿＿＿＿＿＿万円（※1万円未満切り上げ）であった　□経済的利益は観念できない

円分の収入印紙を貼ります。この印紙に押印しないようにしてください。

また、報酬付与の審判書を送ってもらうための郵便切手を予納します。

報酬付与の申立てに関する手続費用（収入印紙代、予納郵券代等）は、報酬付与申立てをする後見人自身が負担しなければならないことに注意が必要です。

　　(C)　添付書類

以下の書類を添付するように求められることがあります。

①　財産目録およびその裏づけとなる資料（例：現金出納帳のコピーや預金通帳のコピー等）

②　収支予定表または収支（実績）一覧表（ただし、家庭裁判所によって異なっていますので、申立て先の家庭裁判所に確認してください）

③　後見事務報告書

5　相続人への財産の引継ぎ

(1)　本人が亡くなったらその財産を相続人に引き渡す

後見人は、本人が死亡した場合において、管理の計算、後見終了の登記申請および、家庭裁判所への報告を行い、さらに、報酬付与の申立てをするときはその手続が終了した後に、これまで管理してきた本人の財産を、本人の相続人に引き渡します（管理財産の引渡し）。

市民後見人が選任されている事案では、本人に身寄りがなかったり、あっても関係が希薄な場合が多いのではないかと思います。したがって、本人の財産の引渡しに困難を伴うケースが多いことも予想されます。

(2)　相続人調査について

実務では、本人の相続人が誰かということについて、戸籍謄本等を取得して、相続人を確定させる作業をします。これを、相続人調査といいます。家庭裁判所の事件記録の謄写を請求して、相続人に関する情報を得てから、不足する戸籍謄本があれば請求するといった手順をとります。

ところで、前述したように（→②(1)(C)、後見人は、必ずしも、管理の計算を相続人の全員に報告しなくともよいと考えられます。さらに、後述するように（→⑤(3)(A)(b)(ア)）、理論上は、後見人として管理してきた財産を相続人の1人に引渡しをすれば足りると考えられます。通常、市民後見人の場合、少額の財産を管理するケースがほとんどであると思いますので、本人のすべての相続人を確定させるところまでの相続人調査をしなくともよく、家庭裁判所の事件記録等で相続人の1人

でも連絡先がわかっている場合は、それ以上に相続人調査をしなくともよい場合が多いのではないかと思います。

　ただし、市民後見人が例外的に高額な財産を管理している場合とか、財産の引継ぎに関してトラブルの発生が予想されるような場合には、本人のすべての相続人を確定させるところまでの調査が必要な場合もあるでしょう。この場合、市民後見人が相続人調査をすることは、困難であることが少なくないでしょうから、成年後見支援センター（中核機関）等による支援を受けることが大切です。また、どうしても市民後見人では相続人調査を行うことができない場合には、家庭裁判所の了解を得たうえで、専門家に相談することも検討するべきでしょう。

(3)　管理財産の引渡しをする場合の注意点（図表3−19）

　管理財産の引渡しについては、本人の遺言書がある場合とない場合に分けて考えます。また、市民後見人が対応できる場合と、市民後見人では対応することが困難な場合があります。市民後見人が成年後見支援センター（中核機関）等の援助を受けても処理できない場合は、家庭裁判所の了解を得たうえで、司法書士や弁護士といった法律専門職に委任することも検討するべきでしょう。

　市民後見人が処理できないであろうと考えられるケースとしては、唯一の相続人が行方不明の場合、相続人間で争いがある場合、相続人がまったくいない場合など、家事事件手続を要するような場合があります。

(A)　遺言書がない場合

(a)　相続人が1人の場合

(ア)　相続人に引き渡す場合

　管理財産を相続人に引き渡して、受取書（書式3−11）に署名・捺印をもらいます。

(イ)　相続人が行方不明の場合

　相続人が行方不明（生死不明の場合も含まれる）の場合は、後見人が利害関係人として不在者財産管理人選任の申立て（民法25条）を行います。

　不在者財産管理人が選任されれば、その人に財産を引き渡すことになります。

(ウ)　相続人が受け取りを拒否している場合

　相続人が管理財産の受け取りを拒否する場合があります。

　相続財産が現金だけのとき（不動産も預貯金もないとき）には、相続人に現金全額を現実に提供することを申し入れます。受領を拒否された場合は、法務局（供託所）に供託することができます（民法494条）。供託すれば、相続人に対する後見人の引渡義務も果たしたことになります。

図表3-19　管理財産の引渡しのさまざまなケース

相続人が1人の場合

相続人に引き渡す（受取書に署名捺印）
　※相続人が行方不明（生死不明）の場合……不在者財産管理人選任の申
　　　　　　　　　　　　　　　　　　　　立てをして、選任された管理
　　　　　　　　　　　　　　　　　　　　人に引き渡す。

　※受取拒否の場合……現金は供託が可能

相続人が2人以上いる場合

(1)　相続人間で合意できる場合
　①　相続人全員に集合してもらい、全員に引き渡す（全員から書名・捺印）。
　②　代表受取人（相続人全員の合意書）に引き渡す。
　③　相続人全員による遺産分割協議成立（協議書の内容に従って引き渡す）
(2)　連絡が可能な相続人の合意による場合
　　(1)が最も問題が少ない方法だが、実際には困難な場合も多い。そこで、連絡が
　可能な相続人に集合してもらい引き渡す（それらの相続人からの署名・捺印）か、
　それらの者の代表受取人に引き渡す（それらの相続人の合意書）。
(3)　相続人間で合意できない場合等
　①　相続人の1人に引き渡す（連絡が可能なその他の相続人には、相続人の
　　　1人に財産を引き渡した旨を通知する）。
　②　相続人の1人から遺産分割調停の申立て……審判前の保全処分として
　　　財産管理人を選任して選任された管理人に引き渡す。
　③　民法918条2項の遺産管理人を選任して選任された管理人に引き渡す。

相続人がいない場合

相続財産管理人選任の申立てをして、選任された管理人に引き渡す。

遺言執行者が就任している場合

遺言執行者に引き渡す。

遺言執行者が就任していない場合

(1)　財産全部の包括遺贈の場合　包括受遺言に引き渡す。
(2)　特定遺贈の場合
　　執行者の選任後、遺言執行者に引き渡す。
(3)　遺言の種類による注意点
　　自筆証書遺言の場合は、まず、遺言書の検認の申立てをしなければなら
　ない。遺言が公正証書遺言の場合には、検認の申立てをしなくてよい。

（左側のツリー分岐ラベル）
遺言書
　ない場合
　ある場合

第3章

★用語解説★

●供　託

　債務者が債権者の住所に赴き、支払義務のあるお金の支払いをしようとしたにもかかわらず、債権者がその金銭の受領を拒んだ場合等には、債務者は供託所（金銭の場合は、法務局）に金銭を寄託することによって、みずからの債務を免れることができます。このような制度を「供託」といいます。債務者が、このような場合にいつまでも債務を負い続けるのは負担を強いることになるため、その負担を解消することを目的として設けられた制度です。債務者の供託によって、債権者は供託された金銭を引き取ることができるので、不都合はありません。後見人が、相続人に金銭を引き渡そうとしているにもかかわらず、相続人がその受領を拒むようなケースでは、この供託制度を利用することが考えられます。

　　(b)　相続人が２人以上いる場合

　　　㋐　相続人間で合意できる場合

　法的には共同相続人は遺産を共有関係している（民法898条）、各共有者は単独で保存行為をする権限を有する（民法252条）から、後見人としては、不可分物については、共同相続人の１人に対し引き渡せばよいと考えられます（判例タイムズ1165号120頁以下参照）。

　しかし、トラブルを避けるためには、相続人全員に集まってもらって、相続人全員から受取書に署名・捺印をもらって引き渡すのがベターです。もし、相続人全員が集まるのが困難であれば、相続人全員の合意で受取人となる代表の人を決めてもらうか、遺産分割協議で財産をどのように分けるのか決めてもらうかして、相続人全員が署名・捺印した合意書または遺産分割協議書に基づいて引き渡す方法もあります。

　相続人のうちの１人が行方不明の場合には、他の相続人全員に引き渡すことでよいと考えられます。相続人は、財産の引渡しを受けてから、行方不明となっている相続人について不在者財産管理人選任の申立てをし、管理人が選任された後に、遺産分割協議を行うことになります。

　　　㋑　連絡が可能な相続人の合意による場合

　㋐が最も問題が少ない方法ではありますが、実際には、相続人全員の合意をとることは困難な場合も多いと思われます。そこで㋐と㋒の折衷的な方法として、連絡が可能な相続人に集ってもらって、それらの者から受取書に署名・捺印をとって引き渡すのです。それらの者の代表受取人に引き渡すのでもよいでしょう（それらの者の代表受取人選任の合意書をもらいます）。

　　　㋒　相続人間で合意できない場合

書式 3 ─ 11　受取書の記載例（相続人が1人の場合）

住所　＿＿＿＿＿＿＿＿＿＿＿
　　成年後見人　〇〇〇〇　殿

　　　　　　　　　　　　　　　　　　　　　　　令和　　年　　月　　日

　　　　　　　　　　　　　　受取書

　　　　　　　　　　　　　　　　住所
　　　　　　　　　　　　　（相続人）　氏名　　　　　　　　（印）

　　私は、本日貴殿より成年被後見人△△△△に関する下記の書類等を受け取りました。

　　　　　　　　　　　　　　　　記

1．登記済権利証書（または登記識別情報通知書）
　(1)　不動産の表示、受付年月日、番号
　(2)　………………

2．預貯金通帳、現金
　(1)　〇〇銀行〇〇支店　定期預金　口座番号〇〇〇〇
　(2)　　　〃　　　　　〃　　　普通預金　口座番号〇〇〇〇
　(3)　現金　金　〇〇〇〇　円

3．その他の重要書類
　(1)　年金証書（名称、番号）
　(2)　印鑑

　　　　　　　　　　　　　　　　　　　　　　　　　　　　　以上

※相続人が2名以上いて、そのうちの代表者に引き渡すときは、他の相続人全員から同意書
　をもらう必要があります。

　共同相続人間で合意に至らない場合、合意までに時間を要する場合、一部の共同相続人間に連絡がつかない場合などには、本人死亡後2カ月以内になすべき管理の計算を終えた後、以下の検討をするべきです。
　①　共同相続人の1人に（他の共同相続人の同意を待たず）引き渡す。
　　この場合、連絡が可能なその他の相続人には相続人の1人に財産を引き渡した旨を通知しておいたほうがよいでしょう。
　②　財産の管理者を選任してもらう。
　相続人の1人から遺産分割調停の申立てをし、その審判前の保全処分として財産の管理者を選任してもらい（家事事件手続法200条1項）、その管理者に財産を引き渡すという方法があります。

★用語解説★

●審判前の保全処分

　審判とは、家庭裁判所の終局的な判断（裁判）のことをいいます。遺産分割の調停や審判の申立てがあった場合に、終局的な判断がなされるまでの間に、利害関係人の財産に変動が生じて権利の実現が困難とならないように財産を管理する必要があることがあります。そのようなときに、利害関係人の申立てにより、家庭裁判所が一定の処分を命じる審判をすることができます。これを「審判前の保全処分」といいます。そして、審判前の保全処分の１つとして、財産の管理者の選任があります。

③　遺産管理人（民法918条２項）に引き渡す

　相続人が誰も遺産分割調停の申立てをしない場合、後見人が、遺産管理人選任（民法918条２項）の申立てをし、選任された遺産管理人に財産を引き渡すという方法があります。

　民法918条２項に基づいて選任される遺産管理人とは、相続人が相続を承認または放棄するまでの間に、相続人の相続財産の管理が不十分な場合などに、家庭裁判所に別途、管理人の選任の申立てをして選ばれた人をいいます。遺産管理人は原則として保存行為のみを行い、財産の処分が必要なときは家庭裁判所の許可を必要とします。

(c)　相続人がいない場合

　相続人がいない場合には、後見人が家庭裁判所に相続財産管理人選任の申立て（民法952条）を行い、選任された管理人に財産を引き渡すことになります。

　この場合に問題となるのは、原則として、申立ての際に、家庭裁判所から相続財産管理人の報酬等の予納金の納付を要求されることです。

　後見人には、予納金まで拠出して相続財産管理人の選任を申し立てる義務はありませんので、裁判所に事情を説明し、予納金なしで申立てを認めてもらえるように協議することになります。

(B)　遺言がある場合

　遺言の内容の吟味は専門的であるため、必ず法律専門家に相談しましょう。遺言執行者に引き渡せばよい場合もあれば、受遺者に引き渡せばよい場合もあります。

(a)　遺言執行者が就任している場合

　遺言執行者が就任している場合は、その人に引き渡すことになります。

(b)　遺言執行者が就任していない場合

(ア)　財産全部の包括遺贈の場合

包括受遺者は、相続人と同一の権利義務をもちます（民法990条）。

したがって、財産全部の包括受遺者がいる場合には、遺言執行者が就任していなくても、その包括受遺者に引き渡せばよいことになります。

⒜　特定遺贈の場合

遺言書では、たとえば、「〇〇銀行の預金はＡさんに遺贈する。郵便局の貯金はＢさんに遺贈する」といったように、特定の財産を遺贈することがあります。

このような場合には、遺言執行者が選任されるのを待って、選任されてから遺言執行者に財産を引き渡すことになります。

なお、相続人がいない場合には、⒜(c)の手続をとらなければなりません。

⒞　遺言の種類による注意点

遺言書の種類としては、主に、公正証書遺言と自筆証書遺言があります。後見人が自筆証書遺言を保管していた場合、原則として、遺言書の検認の申立てをしなければなりません（民法1004条１項）。これに対して、公正証書遺言の場合は、検認の手続は必要ありません。令和２年７月10日施行の法務局における遺言書の保管に関する法律については、第１巻３章②(3)参照。

（第３章Ⅰ Ⅱ Ⅲ　多田　宏治）

Ⅳ　死後事務

●この節で学ぶこと●

　「死後事務」は、本人が死亡した場合に、本来は後見人の職務外であるにもかかわらず、実務上、後見人が対応することを求められることのある事務です。今までは、後見人に法律上の明確な権限がなく、難しい対応が求められていましたが、平成28年10月13日からの民法改正により、成年後見人にのみ法律上の権限が一定の範囲で与えられました。実際には、成年後見支援センター（中核機関）や家庭裁判所と相談しながら対応していくことになります。ここでは、「死後事務」としてどのような問題があるのか、また、平成28年の民法改正により認められた死後事務の内容はどのようなものかについて理解しておきましょう。本人が死亡した後の後見事務において注意するべき事項についても学習します。

1　後見人が行う「死後事務」とは何か

(1)　「死後事務」とは何か

　Ⅲでは、本人が死亡した場合に、後見人が必ず行わなければならない事務について説明しました。Ⅳでは、本人が死亡した場合に、後見人が行う法律上の義務はないもののやむを得ず行わなければならない事務などの注意すべき事項について説明します。

　まず、死後事務ということが、どのような内容を指しているのかについて確認しておきます。

　たとえば、現代の日本では、多くの人は病院で亡くなります。亡くなった人の家族は、病院の費用を支払い、死亡診断書を取得し、役所に死亡届を出し、通夜、葬儀、納骨、埋葬、その後の永代供養を執り行います。本人が亡くなってから、通常、本人の家族が行うこれらの行為を、ここでは「死後事務」と呼びます（「死後事務」という場合、この中にⅢの事務も含めていう場合もありますが、ここでは、後見人が行う義務のないこれらの事務のみを「死後事務」と呼ぶことにします）。

　市民後見人が支援する被後見人は、多くの場合、身寄りがないか、あっても身寄りとの付き合いがほとんどないと考えられます。その場合、本人が亡くなっても、「死後事務」を行う人がいないわけです。そこで、市民後見人が、やむなく

「死後事務」を行わざるを得ない場面が出てくることがあり、非常に悩ましい問題が発生しているのです。

(2)　「死後事務」に関する民法改正の趣旨

　本人が死亡したことによって、後見は絶対的に終了します。したがって、本人の死亡後に後見人が法律上行わなければならない事務（Ⅲで述べた事務のことです）を除いて、原則として、後見人には、死後の事務を行うべき義務はありません。本人の死亡後は、原則として、相続人が本人の財産に属した一切の権利義務を承継します（民法896条）。法律上は、本人の死亡までは後見人が財産を管理し、本人の死亡後は相続人が財産を当然に管理するという構造になっているのです。したがって、後見人は本人の葬儀を行ったり、最後の入院費用や施設利用料を支払ったりする必要はなく、これらは、相続人に任せればよいことになっているのです。

　ところが、実際には、本人の死亡後も後見人が一時的に本人の財産を保管していることから、火葬、葬儀等の実施や、施設利用料・病院費用等の支払いをすることが後見人に求められ、社会通念上これを拒むことが困難であることが少なくありませんでした。

　そこで、従前は、後見人がこれらの死後事務を行う場合には、応急処分義務（民法874条で準用する同法654条）や事務管理（同法697条）を根拠としてきましたが、限界もあり、実務上困難な状況がありました。

　そこで、成年後見人に対し、成年被後見人の死亡後に一定の事務を行う権限を付与することを目的として、平成28年4月6日に成年後見の事務の円滑化を図るための民法及び家事事件手続法の一部を改正する法律により民法の一部が改正され、平成28年10月13日から施行されています。本書では、後見人とは、成年後見人、保佐人、補助人の総称をいうものとしていますが、この民法の改正（民法873条の2）によって権限が付与されるのは成年後見人のみであって、保佐人や補助人には付与されていないことに注意しましょう。また、民法が改正されて、成年後見人が死後事務のうち一定の行為を行うことができるようになったのですが、これは後見人の義務ではなく、従前の応急処分事務や事務管理に基づく死後事務を否定するものではありません。

　したがって、本書では、従前から行われてきた応急処分義務や、事務管理に基づく死後事務について説明し、民法改正に基づく死後事務については11 12で説明することにします。

② 本人の病状が悪化したり危篤になったりしたときにしておくべきこと（☞図表3−20）

⑴　親族・家庭裁判所へ連絡する

(A)　親族への連絡

本人の病状が悪化したり危篤になったりしたときには、家庭裁判所の事件記録等から判明している親族に対して連絡をとり、次のことを確認する必要があります。

① 　本人の状況を伝え、親族が本人の葬儀等をする意思があるのかどうか。

② 　葬儀等の費用は誰が負担するのか。

③ 　親族が葬儀等を執り行う意思がない場合は、後見人が葬儀等を行うことや葬儀費用の概算金額について了解してもらえるか。ただし、成年後見人の場合、後述の⑪⑵の要件を満たしていれば、家庭裁判所の許可を得て火葬または埋葬のみを行うことができます。

親族の電話番号が不明の場合があるかもしれません。その場合は、手紙を送るか、急ぐときには電報を打つなどして、連絡するしかありません。できれば、本人の病状が悪化したり危篤状態になる前に、親族に連絡をとっておいたほうがよいでしょう。

(B)　家庭裁判所への連絡

家庭裁判所には、本人の状況を伝え、親族へ連絡をとったことや、親族と話し合った内容を報告します。親族が葬儀などをしない場合には、成年後見人が火葬または埋葬を行うために許可の申立てをすることを伝えておきます。⑵で述べるとおり本人の死亡後に必要となる費用の支払いのために本人の預貯金を引き出すことについて、了解を得る必要がある場合もあります。

⑵　預貯金を引き出しておく

本人が死亡した後は、金融機関は、本人の口座からの引出しを、原則として認めません。したがって、本人死亡後に必要となる費用の支払いのためには、本人の生前に預貯金を引き出しておくほうが便宜上よいかもしれません。また、その際引き出すべき金額については、成年後見支援センター（中核機関）と協議して決めることが大切です。

なお、平成28年の民法改正によって、成年後見の場合、後述の⑪⑵の要件を満たせば、家庭裁判所の許可を得て預貯金を引き出すことができます。詳細は⑪⑫に記載してありますので参照してください。記載例は書式3−13を確認して

図表3－20　「死後事務」の流れ

■本人の病状悪化・危篤時の連絡
①　親族への連絡　→　葬儀等を執り行う意思があるのかどうかを確認します。
②　家庭裁判所への連絡　→　市民後見人が火葬または埋葬を執り行うことや、各種支払いのために、預金を引き出すことについて、了解を得ます。

■預金の引出し　→　上記の場合、引き出す金額は、成年後見支援センターと相談して決めます。

■本人死亡時の連絡
①　親族への連絡　→　葬儀等を執り行う意思があるのかどうかの最終確認をします。
②　家庭裁判所への連絡　→　相続人調査や財産引渡しが困難なときには専門家にその調査や引渡しのために必要な裁判所への申立手続等を委任することの了解をとります。
※　葬祭扶助の手続　→　親族が葬儀をせず、葬儀費用も捻出できない場合に、役所に対して行います。

■遺体の引取り　→　親族が行わないためにやむを得ずしなければならないときは、葬儀業者等に依頼して行います（注）。

■死亡届の提出　→　親族がすることができるほか、病院や施設長もすることができます。市民後見人が届出をすることもできます。

■葬儀　→　親族が行うときは、葬儀費用は原則として親族が負担します。やむなく市民後見人が行うときは、規模としては、いわゆる「直葬」「火葬式」にとどめるべきでしょう（注）。

■納骨　→　親族が遺骨を受け取らないために、やむを得ず市民後見人が納骨をしなければならないときには、簡素な形で寺院等へ納骨します（注）。

■行政等への通知　→　親族が行わない場合、年金事務所、市役所の各課へ死亡の通知をします。

■債務の支払い　→　親族が行わない場合、市民後見人は死亡までの病院費用、施設利用料の支払いをすることができます。保佐人・補助人の場合も、同様に支払うことはやむを得ないでしょう。

■居住空間の明渡し　→　後見人としては、借地・借家の契約解除はできません。

■後見報酬の支払い　→　預かっている手持ちの現金から支払います。手持ちの現金がない場合は、相続人から支払ってもらいます。

（注）成年後見人の場合、家庭裁判所の許可を得て行える場合もあります。

第3章

ください。

3　本人が死亡したときの連絡・許可申立て

（1）　親族への連絡

　本人の病状が悪化してから亡くなるまで期間は、数日のこともあれば1カ月以上のこともあります。親族には、本人が亡くなったことを知らせるとともに、あらためて、葬儀等に関与してもらえないかどうかの最終的な意思確認を行ったほうがよいでしょう。

（2）　家庭裁判所への連絡

　家庭裁判所に対し、本人が亡くなった旨を連絡します。

　この場合において、市民後見人が相続人調査や財産の引継ぎをするに際して非常な困難が予想されるときは、法律専門家に委任したい旨もあわせて打診しておく必要があります。

（3）　火葬または埋葬に関する契約の締結についての許可申立て

　詳細は [11][12] に記載してありますので、参照してください。記載例は書式3−12を確認してください。

（4）　本人が生活保護を受けている場合

　親族が葬儀等を執り行わず、本人の財産状況では葬儀費用が出せないような場合には、事前に市町村とも相談しておき、生活保護による葬祭扶助を受ける手続をとっておく必要があります。この場合、葬儀業者には市町村から依頼することになります。市民後見人から葬儀業者に依頼してしまうと、葬祭扶助を受けられないケースもありますので、注意してください。

4　遺体の引取りを求められた場合の対応

　本人が病院で亡くなると、病院側からは、とにかく早く遺体を搬出してほしいと言われます。

　一方、本人に身寄りがないか、あっても関係が薄く、遺体の引取りをしてもらえない場合があります。このように、死体の埋葬・火葬を行う人がいないときは、市町村に火葬等の義務があると解されており（墓地、埋葬等に関する法律9条1項）、その前提として、市町村には遺体を引き取る義務があります。ただし、実際にはなかなか対応してもらえないのが現状です。そのため、後見人に遺体を引き取る

義務はありませんが、遺体の引取り、埋葬・火葬まで、やむなく行わざるを得ない場合もあるでしょう。

なお、成年後見人の場合、後述の11(2)の要件を満たせば、家庭裁判所の許可を得て、死体の火葬または埋葬に関する契約を締結することができます。

5 死亡届を提出する

以前は、後見人は死亡届を出すことができませんでした。

しかし、平成19年に戸籍法が改正され、後見人も本人の死亡届を出すことができるようになりました（戸籍法87条2項）。

改正される前には、本人の死亡届を提出できる人がいなくて困るケースがあったのですが、この問題が、法律の改正によって解消されたわけです。

ただし、後見人は死亡届を提出することができるのであって、提出義務があるわけではありません。したがって、親族が葬儀等を執り行う場合には、死亡届も親族から提出してもらったほうがよいでしょう。

後見人が死亡届を提出する際には、登記事項証明書または後見人選任の審判書の謄本が必要となるので、注意が必要です（書類は、提示した後に返してもらうことができます）。

また、死亡届は、本人の死亡地（病院等の所在地）・本籍地または届出人の所在地の市町村に提出することになります。提出の際には、病院の死亡診断書が必要です。死亡診断書は必ず数部、コピーをとっておきましょう。家庭裁判所への後見終了の報告をするときや、後見終了登記申請のときに添付を求められることがあるからです。

6 葬儀等の宗教的儀礼

(1) 葬儀等について注意すべき事柄

(A) 親族が行う場合

葬儀等の費用は、親族に支払ってもらうようにします。

親族から、「後見人が管理している財産から葬儀費用を出してほしい」と頼まれることがありますが、断りましょう。

やむを得ない事情があって後見人の管理する手持ちの現金から支出しなければならない場合は、必ず家庭裁判所に相談したうえで行うようにします。

⒝　後見人が火葬または埋葬を行わざるを得ない場合

葬儀等の宗教的儀礼については、慣習上、相続人や親族が行っています。成年後見人には、これを行う義務はありません。

ただし、本人に相続人がいない場合や相続人が本人と疎遠な場合に、やむなく成年後見人が火葬または埋葬を執り行うこともあるでしょう。

民法改正によって、成年後見人の場合、後述の11(2)の要件を満たせば、家庭裁判所の許可を得て火葬または埋葬に関する契約を締結することができますが、葬儀に関する契約は家庭裁判所の許可の対象外とされています。ただ、実際のところ、火葬・埋葬と葬儀との明確な区別は難しいことから、家庭裁判所の実務として、いわゆる「直葬」「火葬式」（通夜や告別式等の宗教儀式を行わない火葬のみの葬儀形態）であれば、許可が認められる事例もあるようです。

また、保佐人や補助人のように、応急処分義務または事務管理を根拠に火葬または埋葬を行わざるを得ない場合にも、規模としては、いわゆる「直葬」「火葬式」にとどめるべきと思われます。

⒞　市町村の義務

本人に身寄りがないか、あっても関係が薄く、埋葬・火葬をする者がいない場合、法律上は、市町村に埋葬・火葬を行う義務があります（墓地、埋葬等に関する法律9条1項）。

ただし、実際には、なかなか対応してくれません。

市民後見人が受任している事案場合には、市町村が埋葬・火葬を行う方向で検討していく必要があるのではないでしょうか。

⑵　遺骨の取扱いについての注意点

本来、相続人その他の親族に遺骨を引き渡します。

相続人がいない場合や、相続人がいるかいないか不明であったり、相続人がいても所在不明または連絡がとれなかったりする場合には、成年後見人は、納骨に関する契約について家庭裁判所に許可を求める申立てをすることができます。

問題なのは、相続人がいるにもかかわらず遺骨の引取りを拒否する場合です。この場合には、相続人の同意を得たうえで、無縁仏を弔う寺院等に納骨を依頼するしかないでしょう。なお、市町村によっては遺骨を保管してくれるところもあるようです。

7　行政等へ死亡等の通知をする

　後見人には、国民健康保険、後期高齢者医療、介護保険、年金（国民年金、厚生年金、共済年金）、恩給等の担当部署に、本人の死亡を通知する義務はありません。ただし、通知しないでおくと、保険料等については過納になってしまいますし、年金については、受給権がない分まで振り込まれてしまい、返還を要することになってしまいます。過不足分の清算をする事務が発生することを考えると、実際上、後見人としては、死亡の通知だけはしておいたほうがよいでしょう。

　平成28年の民法改正によって、成年後見人の場合、後述の11(2)の要件を満たせば、電気・ガス・水道の供給契約の解約を、家庭裁判所の許可を得て行うことができるようになりました。

8　債務の支払いについての注意点

　施設利用料、医療費については、成年後見人は支払う義務はありません。本人の死亡とともに相続債務は相続人に包括的に承継されており、相続人に委ねればよいわけです。

　ところが、実際には、施設利用料や病院費用について、本人が生前中は後見人が支払っていたのに本人の死亡後は支払えないことについて、施設や病院に納得してもらうことは非常に困難です。保佐人・補助人の場合、親族がかかわりを拒否しているときなど、やむを得ず預かっている手持ちの現金から支払うこともあるとは思いますが、できる限り相続人に委ねるようにしましょう。

　これに対し、成年後見人は、平成28年の民法改正により、このような費用を支払うことができるようになりました（民法873条の2第2号）。ここで注意すべきことは、手元に本人の資金がある場合は、そこから支払ってかまわないのですが、手元に資金がない場合は、本人の預貯金の払戻しを受けなければならず、そのためには、家庭裁判所の許可が必要だという点です（民法873条の2第3号。申立書の記載例として書式3-13参照）。

　また、本人が債務超過の状態であった場合には、一部の債権者のみに支払うことは避けるよう注意してください。債務の支払いについては、そのまま相続人に委ねることになります。

第3章

9　居住空間の明渡しについての注意点

　本人が死亡した後には、施設や病院の部屋を明け渡す必要があります。多くの施設入所契約や入院契約は、本人の死亡により終了しますので、契約の解除が問題となることは少ないと思います。

　問題となるのは、債務の支払いと、部屋に置かれた動産の引取りです。

　債務の支払いについては、⑧で説明したとおりです。

　部屋に置かれた動産について、後見人は、これを引き取る義務はありませんが、本人に身寄りがないとか、あっても疎遠であるような場合には、事務管理として引き取り、保管する場合もあるでしょう。その後は、相続人に引き渡すか、相続人の了解をとって処分することになると思われます。なお、後見人の場合は、後述の⑪(2)の要件を満たせば、家庭裁判所の許可を得てその動産に関する寄託契約の締結をするなどにより、その動産を引き取り業者に寄託することができるようになりました（民法873条の2第3号）。

　もっとも、動産の廃棄については、その動産を管理し続けることで管理費用がかさむなど、それを廃棄することが相続財産全体の保存に必要な行為であると認められれば民法873条の2第3号に該当し、家庭裁判所の許可を得て廃棄ができるでしょう。

　本人が借家契約や借地契約をしていた場合、後見人には、借家契約や借地契約を解除する権限はありません。解約するかどうかの判断は、相続人に委ねることとなります。

10　後見報酬の支払い

　市民後見人が報酬を受け取る場合には、後見事務の管理計算を終えて、家庭裁判所に報告書を提出するとともに、報酬付与の申立てを行います（☞Ⅲ④）。

　報酬付与の審判がなされた後に、市民後見人が一時的に保管している現金があれば、そこから付与された報酬を支出しても、差し支えないでしょう。後見人の報酬は、共益費用として、相続の対象となる総財産において第1順位の先取特権を有するからです（民法306条）。

　手持ちの現金がない場合、後見人が審判書を金融機関に提示することで報酬を引き出せれば問題はないのですが、通常の場合、金融機関はこれに応じません。

そこで、相続人に財産を引き渡すときに、相続人から報酬を受領することになります。

★用語解説★
● 共益費用
　債務者の財産を保存するための費用のように、すべての債権者にとって利益となる費用のことを「共益費用」といいます。共益費用を支出した債権者には、公平の観点から、先取特権（優先的に弁済を受ける権利）が認められています。

★用語解説★
● 先取特権
　複数の債権者がいる場合に、法律の定める特殊な債権を有する者が、債務者の財産から優先して弁済を受けられる権利のことを「先取特権」といいます。先取特権が発生する債権については法律が、社会政策的考慮、公平の原則、当事者意思の推測の理由から、他の債権よりも厚く保護する必要を認めたわけです。先取特権者は、優先弁済を受けるために目的物を競売することができます。

第3章

11　平成28年民法改正により認められた死後事務

(1)　民法改正により認められた死後事務の内容

　民法改正によって、成年被後見人が死亡した後の成年後見人の権限として、以下の行為が認められました（民法873条の2）。

　なお、(A)(B)については、成年後見人が本人の財産を現金として保管していた場合には、家庭裁判所の許可を得なくとも保管現金の中から費用の支払いをしてかまいません。ただし、手元に現金がなく預貯金から払戻しを受ける必要がある場合には、(C)の「相続財産の保存に必要な行為」に該当し、家庭裁判所の許可を得てできることになりましたので注意してください。

(A)　個々の相続財産の保存行為

　個々の相続財産の保存行為（民法873条の2第1号）を行う権限が認められました。これは、具体的には、①相続財産に属する債権について時効の完成が間近に迫っている場合に行う時効の完成猶予および更新（民法147条1号）や、②相続財産に属する建物に雨漏りがある場合にこれを修繕する行為などが該当するといわれています。

(B)　弁済期が到来した相続財産に属する債務の弁済

　弁済期が到来した相続財産に属する債務の弁済（民法873条の2第2号）を行う

権限が認められました。本人の入院費用や施設利用料などの支払いが該当します。

(C) 火葬または埋葬に関する契約の締結その他相続財産の保存に必要な行為 (上記(A)(B)を除く)

　遺体の引取りや火葬または埋葬を行うために葬儀業者等と契約を結ぶことについて、家庭裁判所の許可を得て行うことが認められました（民法873条の2第3号）。納骨に関する契約の締結も、火葬または埋葬に関する契約に準ずるものとして、家庭裁判所の許可を得て行うことができるものとされています。ただし、葬儀に関する契約の締結はこれには該当しませんので注意してください。

　また、「その他相続財産の保存に必要な行為」とは、相続財産全体の保存に必要な行為をいい、具体的には次のような行為が該当しうると考えられています。これらの行為を行う場合にも、家庭裁判所の許可が必要です。

　① 本人が入所施設等に残置していた動産等に関する寄託契約の締結

　② 債務弁済のための本人名義の預貯金の払戻し

　③ 電気・ガス・水道の供給契約の解約

(2) 成年後見人が死後事務を行うための要件

　成年後見人が(1)に掲げる死後事務を行うために必要となる要件として、以下の3つがあります。

　① 成年後見人が民法873条の2に該当する行為を行う必要性があること

　② 本人の相続人の意思に反することが明らかであるとの事情がないこと

　③ 本人の相続人が相続財産を管理し得る状況にないこと

　②について、相続人のうち1人でも反対の意思表示をする人がいた場合は、成年後見人は、死後事務を行うことができません。相続人がいないか、またはいるかどうか不明な場合や、相続人はいるが所在不明または連絡がとれない場合は、死後事務を行うことができます。また、成年後見人が相続人の意思をことさらに確認することまでは要求されておらず、知り得る範囲でよいと考えられます。

　③について、成年後見人が死後事務の権限を行使できるのは、本人の死亡から相続人等に財産を引き渡すまでの間です。成年後見人は本人の死亡後2カ月以内に管理計算（民法870条）をし、相続人に本人の財産を引き渡す義務を負っていますので、成年後見人がこの義務を履行できる状況にあり、かつ、相続人もいつでも引渡しを受けることができる状態にある場合には、「相続人が相続財産を管理することができるに至った」ものとして、これ以降、成年後見人は死後事務を行うことができません。

12　死後事務の許可申立ての手続

(1)　申立先

　成年後見人がやむを得ず死後事務を行う場合には、家庭裁判所に、死後事務の許可の申立てをすることができます。申立先については、その後見事件の開始の審判をした家庭裁判所です（家事事件手続法117条2項）。

(2)　申立ての時期

　申立ての時期は、本人が死亡した後です。たとえば、本人が連休中に死亡し火葬する必要があった場合などは事前に家庭裁判所に許可申立てができなかった事情を記載すれば火葬実施後でも許可されると思われます。

(3)　申立手続

(A)　申立書の書き方（書式3－12、3－13）

　申立書の様式は、家庭裁判所のホームページからダウンロードできます。

　申立ての趣旨欄は該当箇所にチェックすることで個々の死後事務に対応できるようになっています。申立ての理由欄は「申立事情説明書のとおり」とされており、具体的には「申立事情説明書」において記載することになります（書式3－12、3－13の記載例を参考にしてください）。

(B)　申立費用

　申立ての手数料は、800円の収入印紙で納めます。1通の申立書で複数の事項について許可を求める場合も、800円で足ります。申立書の右上の欄に800円分の収入印紙を貼ります。この印紙に押印しないようにしてください。

　書類の送達等のために、郵便切手84円が必要です。

(C)　添付書類

　許可を受ける事項によって異なります。①本人の死亡の記載のある戸籍謄本または死亡診断書の写しは必ず必要です。それに加えて、②債務弁済のための本人名義の預貯金の払戻しの場合は、預貯金通帳の写し（表紙およびその時点での残高が記載されたページ）および債務の存在を裏づける資料（費用明細や請求書の写し等）、③本人が入所施設等に残置していた動産等に関する寄託契約の締結の場合は、寄託契約書（案）が必要です。③本人の死体の火葬または埋葬に関する契約の締結および電気・ガス・水道の供給契約の解約については、①のほかは不要です。添付書類については、各家庭裁判所で若干異なっている場合もありますので、管轄の家庭裁判所に確認するようにしてください。　　　　（第3章Ⅳ　藤谷　雅人）

書式3－12　死体の火葬または埋葬に関する契約の締結の許可申立書の記載例
（東京家庭裁判所のもの）

（火葬に関する契約を締結する場合の記載例）　　　　　　　　　　　　R1.5 改訂

| 受付印 | 成年被後見人の死亡後の死体の火葬又は埋葬に関する契約の締結その他相続財産の保存に必要な行為についての許可　申立書 |

この欄に収入印紙 800 円分を貼る。

印　紙

（貼った印紙に押印しないでください。）

| 収入印紙 | 円 |
| 予納郵便切手 | 円 |

| 準口頭 | | 基本事件番号 | ■ 平成　□ 令和 | ○○年　（家　）第　××××　号 |

| △△家庭裁判所　　御中　令和○年○○月○○日 | 申立人の記名押印 | 甲　野　太　郎　　㊞ |

添付書類
■ 申立事情説明書　　　　　　　■ 死亡診断書の写し（死亡の記載のある戸籍謄本）
□ 預貯金通帳の写し　　　　　　□ 寄託契約書案
□ 報告書　　　　　　　　　　　□

| 申立人 | 住所又は事務所 | 〒○○○－○○○○　　　電話　○○○（○○○）○○○○　　△△県×市×町○丁目○○番○号　　　○○法律事務所 |
| | 氏名 | 甲　野　太　郎 |

※申立人欄は窓空き封筒の申立人の宛名としても使用しますので、パソコン等で書式設定する場合には、以下の書式設定によりお願いします。
（申立人欄書式設定）
上端 10.4cm
下端 14.5cm
左端 3.3cm
右端 5cm

| 成年被後見人 | 住所 | 〒○○○－○○○　　△△県◇市◇町○丁目○番 |
| | 氏名 | 亡　乙　野　一　郎 |

| 申立ての趣旨 | 申立人が
■成年被後見人の（■死体の火葬　□　　）に関する契約を締結する
□成年被後見人名義の下記の預貯金の払戻しをする

　　金融機関名＿＿＿＿＿＿＿＿＿支店名＿＿＿＿＿＿＿

　　口座種別＿＿＿＿＿＿□座番号＿＿＿＿＿＿＿＿＿＿

　　払戻金額　金＿＿＿＿＿＿＿＿＿＿円

　□〔　　　　　　　　　　　　　　　　　　　　　　　　　〕

ことを許可する旨の審判を求める。 |
| 申立ての理由 | 別添申立事情説明書のとおり |

裁判所使用欄
１　本件申立てを許可する。
２　手続費用は，申立人の負担とする。
　　　令和　　年　　月　　日
　　　東京家庭裁判所　　□　　支部　　□　　出張所

　　　裁判官

告　知
受告知者　申立人
告知方法　□住所又は事務所に謄本送付
　　　　　□当庁において謄本交付
年 月 日　令和　・　・
　　　　　裁判所書記官

基本事件番号 ■ 平成 ───OO─── 年（家）第 ─────×××××───── 号　成年被後見人亡 **乙野一郎**
　　　　　　□ 令和

申立事情説明書

1 申立ての理由・必要性等について

> 　　成年被後見人は，令和○年○○月○○日，▲▲病院で亡くなりました。成年被後
>
> 見人の相続人には，唯一，長男の○○○○がいますが，病気のため入院しており，
>
> 成年被後見人の火葬を取り仕切ることができる親族がおりません。
>
> 　　そこで，成年後見人において，申立ての趣旨に記載した行為を行う必要がありま
>
> す。

　※　申立ての理由・必要性等を裏付ける資料がある場合には，資料を添付してください。

2 本件申立てにかかる行為についての相続人の意思について

　□ 相続人の存在が明らかではないため，意思の確認がとれない。

　□ 相続人が所在不明のため，意思の確認がとれない。

　□ 相続人が疎遠であり，意思の確認がとれない。

　□ 反対している相続人はいない。

　■ その他

> 　　相続人○○○○は危篤状態にあり，意思の確認がとれない。
>
> 　　なお，これまで同人が後見事務に反対の意思を表明したことはない。

第3章

書式3-13 債務弁済のための本人名義の預貯金の払戻しの許可申立書の記載例
（東京家庭裁判所のもの）

（預金の払戻しをする場合の記載例）　　　　　　　　　　　　　　　　　R1.5 改訂

受付印	成年被後見人の死亡後の死体の火葬又は埋葬に関する契約の締結その他相続財産の保存に必要な行為についての許可　申立書

この欄に収入印紙800円分を貼る。

印　紙

（貼った印紙に押印しないでください。）

収入印紙	円
予約郵便切手	円

準口頭		基本事件番号	■ 平成　　□ 令和　　○○年　（家　）第　　××××　　号

△△家庭裁判所　　御中 令和○年○○月○○日	申立人の記名押印	甲 野 太 郎　㊞

添付書類	■ 申立事情説明書　　　■ 死亡診断書の写し（死亡の記載のある戸籍謄本）
	□ 預貯金通帳の写し　　□ 寄託契約書案
	□ 報告書　　　　　　　□

申立人	住所又は事務所	〒○○○-○○○○　　　電話　○○○（○○○）○○○○ △△県×市×町○丁目○○番○号　　○○法律事務所
	氏名	甲 野 太 郎

※申立人欄は窓空き封筒の申立人の宛名としても使用しますので、パソコン等で書式設定する場合には、以下の書式設定によりお願いします。
（申立人欄書式設定）
上端 10.4cm
下端 14.5cm
左端 3.3cm
右端 5cm

成年被後見人	住所	〒○○○-○○○ △△県◇市◇町○丁目○番
	氏名	亡 乙 野 一 郎

申立ての趣旨	申立人が ■成年被後見人の（■死体の火葬　□　　　）に関する契約を締結する □成年被後見人名義の下記の預貯金の払戻しをする 　　金融機関名＿＿＿●●銀行＿＿＿支店名＿＿＿●●支店＿＿＿ 　　口座種別＿普通＿　口座番号＿１２３４５６７８＿ 　　払戻金額　金　５００，０００　円 □〔　　　　　　　　　　　　　　　　　　　　　　　　　　〕 ことを許可する旨の審判を求める。
申立ての理由	別添申立事情説明書のとおり

------- 裁判所使用欄 -------

1　本件申立てを許可する。
2　手続費用は，申立人の負担とする。
　　　令和　　年　　月　　日
　　　　東京家庭裁判所　□　　　支部　□　　　出張所

　　　　　　裁 判 官

告　　知	
受告知者	申立人
告知方法	□住所又は事務所に謄本送付 □当庁において謄本交付
年 月 日	令和 裁判所書記官

（預金の払戻しをする場合の記載例）　　　　　　　　　　　　　　　　　　R1.5 改訂

基本事件番号　■ 平成　　　**〇〇**　年（家）第＿＿＿**××××**＿＿＿　号　　成年被後見人亡 **乙野一郎**
　　　　　　　　□ 令和

申立事情説明書

１　申立ての理由・必要性等について

　　成年被後見人は，令和〇年〇〇月〇〇日，▲▲病院で亡くなりました。

　　成年被後見人には，別添のとおり，弁済期が到来している債務が約50万円あり，

それらの債務を弁済するためには，成年被後見人の預貯金口座から預貯金の払戻し

を受ける必要がありますが，成年被後見人の相続人である長女の〇〇〇〇は，長年

音信不通の状態にあり，これを行うことができません。そこで，相続財産の保存に

必要な行為として，成年後見人において，申立ての趣旨に記載した行為を行う必要

があります。

　※　申立ての理由・必要性等を裏付ける資料がある場合には，資料を添付してください。

２　本件申立てにかかる行為についての相続人の意思について

　□　相続人の存在が明らかではないため，意思の確認がとれない。

　□　相続人が所在不明のため，意思の確認がとれない。

　■　相続人が疎遠であり，意思の確認がとれない。

　□　反対している相続人はいない。

　□　その他

第3章

第4章

課題演習
(グループワーク)

●この章で学ぶこと●

　事例検討（グループワーク）では、具体的な事例をもとにグループで意見交換を行います。1つの課題についても、人によってさまざまな考えがあることを学びましょう。話し合いの中から、1人では考え付かない解決策が生まれることもあります。また、検討を通じて、事例の中で本人が抱えている困難や潜在している課題を発見する力を養いましょう。

課題演習（グループワーク）の進め方

　グループワークの実施方法の一例を示します。養成講座によって実施状況は異なると考えられますので、実情に応じて修正してグループワークを行ってください。

① 　1グループは、話しやすい5～8人くらいが適当です。

② 　最初に、自己紹介を行い、司会、記録、発表の担当者を決定します。

③ 　1グループに、1名の進行役が同席します。

④ 　進行役は、話し合いに介入しながら、議論がより深まっていくように調整します。メンバーから出される意見に対しては、常に中立性を保ちます。また、メンバー全員が意見を述べられるよう目配りをします。後見実務を経験している専門職が進行役を務めると、議論が論点を外れることなく、深まったものになると思われます。

⑤ 　グループによる意見交換の時間の目安は90分から120分です。意見が活発に出るように、メンバーは各自、あらかじめ事例を検討したうえでグループワークに参加します。考えをまとめるための検討シートを用意して、事前課題として作成しておく方法もあります。

⑥ 　グループでの意見交換が終われば、全体集合し、グループごとに意見の発表を行います。

⑦ 　各グループの意見発表が終わった後、講師が講評を行います。

演習課題1　財産目録・収支予定表の作成

[本人の状況]

〈本人〉　茂夫さん（72歳、男性）

〈居所〉　持家に独居

〈心身の状況〉　要介護1。2年前に妻を亡くしました。パーキンソン病の症状が
あり、妻の死後は家事援助のサービスを利用しています。

〈財産の状況〉　資料A～Eのとおり。

〈その他〉　海外に在住している一人息子が帰国した際、通信販売の請求書や督促
状が何通もあるのを見つけて、必要な支払いができていないことがわ
かり、後見開始の申立てに至りました。

[後見人の課題]

　あなたは令和元年5月1日に、茂夫さんの成年後見人に就任したばかりです。

　まずは、財産目録と収支予定表を作成して、家庭裁判所に提出しなくてはなり
ません。手許にある資料は次のとおりです。

①　なでしこ銀行　駅前支店　普通預金口座　0987654　の通帳〈資料A〉

②　ガーディアン銀行　12345-67890123　の総合口座の通帳〈資料B〉

③　年金額改定通知書・年金振込通知書〈資料C〉

④　自宅の登記事項証明書（土地）〈資料D〉

⑤　自宅の登記事項証明書（建物）〈資料E〉

⑥　通信販売会社のA社から買った碁盤の請求書（9万8000円）

⑦　B百貨店から親戚や知人に贈ったお歳暮の請求書（5万3500円）

第4章

(1)　財産目録・収支予定表作成のためには、他にどのような情報が必要でしょうか。またその情報をどのように入手しますか。

■資産に関して

調べる必要がある事項	調べる方法

■負債に関して

調べる必要がある事項	調べる方法

■収入に関して

調べる必要がある事項	調べる方法

■支出に関して

調べる必要がある事項	調べる方法

(2)　その他に、就任時に必要と考えられる手続をあげてください。

〈資料A〉

THE BANK OF NADESHIKO

なでしこ銀行　普通預金口座銀行
　　　　　　店番888　口座番号0987654

○○　茂夫　　　　　様

　　　　　　　　　　なでしこ銀行

お客さまへ

なでしこ銀行をご利用いただきありがとうございます。

お客様名
　○○　茂夫　　　様

店番	普通預金口座番号
888	0987654

なでしこ銀行
駅前支店
0＊－＊＊＊＊－＊＊＊＊

197

8　普通預金［兼お借入明細］

> 差引残高の金額頭部の「－」記号は、お借入残高を表わします。

	年月日	摘要	お支払金額	お預り金額	差引残高	符号
1	********	クリコシ			¥1,417,202	044*
2	01.08.15	水道料	3,143		1,414,059	044
3	01.08.25	電話料	3,618		1,410,441	044
4	01.08.29	アイヘルパーステーション	8,178		1,402,263	044
5	01.09.04	ニコニコカード	4,600		1,397,663	044
6	01.09.07	ガス8ガツブン	2,000		1,395,663	044
7	01.09.14	電気料	9,489		1,386,174	044
8	01.09.19	利息		96	1,386,270	044
9	01.09.26	電話料	2,349		1,383,921	044
10	01.09.28	アイヘルパーステーション	10,834		1,373,087	044
11	01.10.04	ニコニコカード	3,450		1,369,637	044
12	01.10.07	ガス9ガツブン	1,849		1,367,788	044
13	01.10.14	ネンキン		301,902	1,669,690	044
14	01.10.17	水道料	5,877		1,663,813	044
15	01.10.19	キャッシュカード	150,000		1,513,813	044
16	01.10.25	電話料	2,425		1,511,388	044
17	01.10.28	アイヘルパーステーション	8,469		1,502,919	044
18	01.11.04	ニコニコカード	5,003		1,497,916	044
19	01.11.07	ガス10ガツブン	2,032		1,495,884	044
20	01.11.14	電気料	5,080		1,490,804	044
21	01.11.25	電話料	2,490		1,488,314	044
22	01.11.28	アイヘルパーステーション	8,759		1,479,555	044
23	01.12.04	ニコニコカード	3,450		1,476,105	044
24	01.12.07	ガス11ガツブン	3,240		1,472,865	044

◎オマトメ（合計）表示
お通帳に記入されていない取引が200件以上になった場合は、摘要欄に「オマトメ」と表示し、件数と金額を合計で表示いたします。

9　普通預金［兼お借入明細］

> 差引残高の金額頭部の「－」記号は、お借入残高を表わします。

	年月日	摘要	お支払金額	お預り金額	差引残高	符号
1	********	クリコシ			¥1,472,865	044*
2	01.12.14	電気料	6,236		1,466,629	044
3	01.12.15	ﾈﾝｷﾝ		301,902	1,768,531	044
4	01.12.16	水道料	3,240		1,765,291	044
5	01.12.26	NHK	24,770		1,740,521	044
6	01.12.26	電話料	2,707		1,737,814	044
7	01.12.28	ｱｲﾍﾙﾊﾟｰｽﾃｰｼｮﾝ	7,334		1,730,480	044
8	02.01.04	ﾆｺﾆｺｶｰﾄﾞ	6,840		1,723,640	044
9	02.01.07	ｷｬｯｼｭｶｰﾄﾞ	100,000		1,623,640	044
10	02.01.11	ｶﾞｽ12ｶﾞﾂﾌﾞﾝ	5,626		1,618,014	044
11						044
12						044
13						044
14						044
15						044
16						044
17						044
18						044
19						044
20						044
21						044
22						044
23						044
24						044

◎オマトメ（合計）表示
お通帳に記入されていない取引が200件以上になった場合は、摘要欄に「オマトメ」と表示し、件数と金額を合計で表示いたします。

第4章

〈資料Ｂ〉

ガーディアン銀行

○○　茂夫　様

ガーディアン銀行

総合口座通帳

記号	番号
１２３４５	６７８９０１２３

おなまえ　　　　　　　　　　　　　　○○ 茂夫　　　様　　　お届け印

おところ　　　　（郵便番号　＊00-000＊　）

学園前市緑ヶ丘３－６

株式会社　ガーディアン銀行

通帳とお届け印とは、別々に保管してください。

通帳やカードの紛失・盗難届のご照会先	カード紛失センター　０１２０－＊＊＊＊＊＊

ご利用欄
振替口座開設（送金機能）
キャッシュサービス　　　代理人カード　　　デビットサービス
国債等自動貸付け

銀行使用欄

通常貯金（兼お借入明細）　　　　　　　　　　　　　4

	年月日	取扱店	お預り金額	お支払金額	現在高（貸付高）	
◁01	30-12-13	00755	送金　65,923	（12月期分）	*939,185	01▷
◁02			郵便年金		***	02▷
◁03	31-03-14	00755	送金　65,923	（３月期分）	*1,005,108	03▷
◁04			郵便年金		***	04▷
◁05	31-04-01		98	受取利子	*1,005,206	05▷
◁06			利子　（122）		***	06▷
◁07				税金　（24）	***	07▷
◁08	01-06-13	00755	送金　65,923	（６月期分）	*1,071,129	08▷
◁09			郵便年金		***	09▷
◁10	01-09-12	00755	送金　65,923	（９月期分）	*1,137,052	10▷
◁11			郵便年金		***	11▷
◁12	01-10-01		66	受取利子	*1,137,118	12▷

	年月日	取扱店	お預り金額	お支払金額	現在高（貸付高）	
◁13			利子　（82）		***	13▷
◁14				税金　（16）	***	14▷
◁15	01-12-12	00755	送金　65,923	（12月期分）	*1,203,041	15▷
◁16			郵便年金		***	16▷
◁17						17▷
◁18						18▷
◁19						19▷
◁20						20▷
◁21						21▷
◁22						22▷
◁23						23▷
◁24						24▷

○現在高（貸付高）の金額に－（マイナス）がある場合は貸付高を表します。
○通帳をＡＴＭ（現金自動預払機）に挿入するときは、矢印の方向に挿入してください。

第４章

201

〈資料C〉

① 国民年金・厚生年金保険　年金額改定通知書	

〈この通知書は、年金額を証するものですので**大切に保管**してください。〉

年金の種類　　　　老齢　基礎・厚生　　　年金

年金証書の基礎年金番号・年金コード	×××× ×××××× 1150

受給権者氏名　　　○○　茂夫

（基礎年金）国民年金	基　　本　　額	784,000円
		円
	支 給 停 止 額	円
	年　金　額	784,000円
厚生年金保険	基　　本　　額	1,180,100円
		円
	支 給 停 止 額	0円
	年　金　額	1,180,100円
合計年金額（年額）		1,964,100円

平成30年4月分から上記のとおり年金額が改定されましたのでお知らせします。
なお、改定された年金額は、平成30年6月（4、5月分）からのお支払いとなります。

平成30年6月5日

厚 生 労 働 大 臣

〈改定内容に関しましては、裏面①をお読みください。〉

② 年 金 振 込 通 知 書		

以下の金額がご指定の金融機関の預貯金口座に振り込まれます。なお、お支払いは平成30年6月から平成31年4月までの各偶数月に行われます。（裏面②の支払予定日をご参照ください。）

◎年金の種類　国民年金・厚生年金　老齢基礎厚生　　　年金
◎年金証書の基礎年金番号・年金コード　×××× ×××××× 1150

◎年金受給権者氏名　　○○　茂夫
◎振込先　　　　　なでしこ　　　銀行・金庫・信組
　　　　　　　　　駅前　　　　　　　　　　支店
◎「年金支払額」及び「年金から特別徴収する保険料等」の金額

年 金 支 払 額	****327,349円
介 護 保 険 料 額	*******8,800円
後期高齢者医療保険料額	*******9,600円
所 得 税 額	*******1,947円
個 人 住 民 税 額	*******5,100円
控 除 後 振 込 額	****301,902円

※年金から特別徴収する保険料等は、介護保険料、後期高齢者医療保険料、国民健康保険料（税）及び個人住民税となります。

平成30年6月5日

厚生労働省
官署支出官　厚生労働省年金局事業企画課長

〈資料D〉

学園前市緑ヶ丘3－6

全部事項証明書　　　　　　（土地）

表　題　部	（土地の表示）	調製	余白	不動産番号	**************	
地 図 番 号	余白	筆界特定	余白			
所　　　在	学園前市緑ヶ丘			余白		
① 地　番	② 地　目	③ 地　積　　m²		原因及びその日付 ［登記の日付］		
3番6	宅地	37.12m²		3番5から分筆〔平成7年○月31日〕		

権 利 部 　（甲区）　（所有権に関する事項）			
順位番号	登記の目的	受付年月日・受付番号	権利者その他の事項
1	所有権移転	平成7年△月10日第×××83号	原因　平成7年△月10日売買所有者　学園前市緑ヶ丘3番地6　　　○　○　茂　夫

権 利 部 　（乙区）　（所有権以外に関する事項）			
順位番号	登記の目的	受付年月日・受付番号	権利者その他の事項
1	抵当権設定	平成7年△月10日第×××85号	原因　平成7年○月21日保証契約による求償債権平成7年△月10日設定債権額　金3,850万円損害金　年18.25%（年365日日割計算）債務者　学園前市緑ヶ丘3番地6　　　○　○　茂　夫抵当権者　小阪市東区駅前一丁目2番3号共同担保目録(よ)2468号
2	1番抵当権抹消	平成20年×月2日第△△△15号	原因　平成20年×月2日弁済

〈資料Ｅ〉

学園前市緑ヶ丘3 — 6

全部事項証明書　　　　　（建物）

表　題　部　（主である建物の表示）	調製	余白	不動産番号	＊＊＊＊＊＊＊＊＊＊＊＊＊
所在図番号	余白			
所　　　　在	学園前市緑ヶ丘　　　　　3番地6		余白	
家 屋 番 号	3番6		余白	

①　種　類	②　構　造	③　床　面　積　㎡	原因及びその日付［登記の日付］
居宅	木造スレート葺2階建	1階　　28：52 2階　　26：86	平成7年※月22日新築 〔平成7年△月2日〕
所有者	学園前市緑ヶ丘3番地6　　○　○　茂　夫		

権　利　部　（甲区）　（所有権に関する事項）			
順位番号	登記の目的	受付年月日・受付番号	権利者その他の事項
1	所有権保存	平成7年△月10日 第×××84号	所有者　学園前市緑ヶ丘3番6 　○　○　茂　夫

権　利　部　（乙区）　（所有権以外に関する事項）			
順位番号	登記の目的	受付年月日・受付番号	権利者その他の事項
1	抵当権設定	平成7年△月10日 第×××85号	原因　平成7年○月21日保証契約による求償 　　債権平成7年△月10日設定 債権額　金3,850万円 損害金　年18.25％（年365日日割計算） 債務者　学園前市緑ヶ丘3番地6 　○　○　茂　夫 抵当権者　小阪市東区駅前一丁目2番3号 　共同担保目録(よ)2468号
2	1番抵当権抹消	平成20年×月2日 第△△△15号	原因　平成20年×月2日弁済

演習課題2　自宅を離れたくない本人と周囲との関係

本人の生活状況

〈本人〉　梅子さん（80歳、女性）

〈居所〉　持家に独居

〈心身の状況〉　要介護2。食事の用意や洗濯はなんとか自分でできていますが、脚が弱っていて、室内で転倒していたところを発見されたことが幾度かあります。また、数十年来の顔見知りの隣人を忘れたり、財布や預金通帳をしまい込むなど、認知症の症状がみられます。

〈財産の状況〉　収入として、月額10万円程度の老齢厚生年金を受給しています。預貯金は500万円程度あります。

〈その他〉　夫は数年前に亡くなり、子どもはいません。料理をしようと、コンロに鍋をかけたまま忘れてしまい、焦がしてしまったことがありました。そのときは、幸い訪問介護の日で、ヘルパーによって消し止められましたが、梅子さん宅は近隣の住宅が密集している地域でもあり、近所の人たちも心配しています。

後見人の課題

　鍋焦がしをきっかけに、ケアマネジャーがこれ以上の在宅生活は困難と判断し、近隣のグループホームへの入居の検討を始めました。本人の判断能力が十分ではないため、入居契約には後見人が必要となると思われることから、ケアマネジャーが地域包括支援センターへ働きかけて、市長申立てに至り、成年後見人が選任されました。

　ケアマネジャーはすでにグループホームの契約書を準備しており、成年後見人が署名・押印をすればよいだけの状態になっていますが、梅子さんは、夫といっしょに長年暮らした自宅に愛着があり、離れたくないと言っています。

　グループホームの入居一時金は不要で、費用は月額15万円程度です。

　あなたが梅子さんの成年後見人に選任された場合、どのような検討のプロセスをとりますか。

演習課題3　施設入所をする際の賃貸アパートの明渡し

本人の状況

〈本人〉　太郎さん（68歳、男性）

〈居所〉　賃貸アパートで一人暮らしをしていましたが、緊急入院を機に、特別養護老人ホームに措置入所となりました。

〈心身の状況〉　要介護3。妻・両親が亡くなったこともよく理解できず、自宅アパートに置いてきたオートバイを時々思い出しては、心配をしています。

〈財産の状況〉　月額12万円程度の老齢厚生年金を受給しています。100万円の預貯金があります。

〈その他〉　子どもはなく、付き合いのある親族もありません。

後見人の課題

　太郎さんは、1年前に妻が死亡した後もアパートで一人暮らしを続けていましたが、ある日、玄関口で倒れているところを近所の人に発見され、病院に搬送され、アルツハイマー型認知症との診断を受けました。

　退院は可能ですが、一人暮らしは不可能であり、身寄りもまったくいないため、「やむを得ない事由による措置」で、特別養護老人ホームに入所することになりました。

　財産管理を行い、契約による介護保険サービスの利用ができるよう、市長申立てにより、市民後見人が選任されました。

　後見人は、将来にわたって居住する見込みのないアパートの賃貸借契約を解除し、貸主に明け渡さなければなりません。

　家の中には、ごみや生活用品が散乱し、家財道具も残されたままです。

　あなたが太郎さんの成年後見人となったら、アパートの明渡しをどのように進めていきますか。

第4章

演習課題4　外出・買物好き

> **本人の状況**
>
> 〈本人〉　花子さん（80歳、女性）
>
> 〈居所〉　持家に独居
>
> 〈心身の状況〉　要介護3。足腰は丈夫ですが、もの忘れがひどくなっています。
>
> 〈財産の状況〉　月額20万円の老齢厚生年金を受給しています。そのほか、古い自宅マンションと400万円の預貯金を持っています。
>
> 〈その他〉　結婚歴はなく、子どももいません。姉妹はいますが、積極的にかかわる親族はいません。長く一人暮らしをしてきました。

後見人の課題

花子さんは週に3日介護サービスを利用し、ヘルパーが買物・食事・洗濯・掃除・通院介助等により、生活全般の支援をしています。

成年後見人は週に1回、花子さんの自宅を訪問しています。そして、そのつど小遣い2000円を花子さんに渡し、食費などの費用をヘルパーに預けています。

花子さんは外出と買物が大好きで、近くのスーパーに1日に何度も買物に行きます。財布にお金がないときにも、好きな果物を買い物カゴに入れてレジに並び、そのつど店員に注意されてしまいます。ラップで包まれたスイカやイチゴには強くつかんだ花子さんの指の跡が残り、「商品にならない」とスーパーからケアマネジャーに苦情が寄せられることもありました。

また、近所の店で無銭飲食をすることもあります。ヘルパーが定時に訪問しても、不在のため、あちこち探し回らなければならなくなったりするようにもなってきました。

先日、出歩いている先で転倒し、病院に救急搬送されました。幸いなことに大きなけがはなく、すぐに帰宅しましたが、医師から、「認知症のため、独居を続けるのは困難である。施設入所を考えるべきではないか」という指摘を受けました。けれど、花子さんは「集団生活は嫌だ。自宅で自由に暮らしたい」と言っています。

あなたが花子さんの成年後見人となったら、どのような対応を考えますか。

演習課題5　　貯えが少しずつ増えてきたら

本人の状況

〈本人〉　秀代さん（76歳、女性）

〈居所〉　特別養護老人ホーム

〈心身の状況〉　要介護3。日中は車いすに座っていることが多いのですが、短い距離なら歩くこともできます。もの忘れは多いけれど、誰とでもおしゃべりを楽しむことができます。動物が好きで、ドッグセラピーを楽しみにしており、動物を紹介するテレビ番組も好んで見ています。

〈財産の状況〉　収入は、月額12万円の老齢厚生年金を受給しています。支出は、施設利用料と生活費で約8万円です。預貯金が約100万円あります。

〈その他〉　遠方に甥・姪がいますが、付き合いはありません。市長申立てにより、後見が開始され、市民後見人が選任されました。

後見人の課題

　就任当初は未払金があったのですが、半年ほどですべての支払いが終わり、収支が安定してきました。

　市民後見人が選任されてから1年以上が経ち、預金残高も100万円を超えています。今の見通しでは、残高は増えていきます。

　あなたが秀代さんの成年後見人であったとしたら、今後の収支予定をどのように組み立てますか。その場合に気を付けることは何でしょうか。

第4章

演習課題6　療養型病院に長期入院すること

本人の状況

〈本人〉　月子さん（92歳、女性）

〈居所〉　長期療養型病院

〈心身の状況〉　要介護5。2年前に、急性期の病院から現在の病院に転院してきました。会話をすることはできません。

〈財産の状況〉　月額10万円程度の老齢厚生年金を受給しています。約200万円の預貯金があります。

〈その他〉　結婚歴はなく、子どももいません。交流のある親族はいません。

後見人の課題

　転院の手続をした姪が亡くなり、月子さんにかかわる親族はいなくなってしまいました。そのため、市長申立てによって市民後見人が選任されました。

　月子さんは、もう自宅に戻って生活することはできないと思われますが、これまでは住所を確保するために、自宅（賃貸アパート）の家賃（月額4万円）を支払い続けています。

　毎月の療養費は1カ月あたり12万円程度で、年金だけでは賄いきれず、預貯金がどんどん少なくなっています。後見人としては、今後の支払いのことを考えると、家賃を支払うのをやめたいと思うのですが、住所はどうするのかが、気になります。

　月子さんの病状は安定しているので、施設入所を考えて、特別養護老人ホームの見学へも行ってみましたが、契約書を見たところ、身元保証人の欄がありました。

　あなたが月子さんの成年後見人であったとしたら、どのように考えますか。

演習課題7　　不摂生な生活を続ける本人とのかかわり方

```
本人の状況
```

〈本人〉　肇さん（53歳、男性）

〈居所〉　市営アパートで一人暮らし

〈心身の状況〉　精神障害があります。ほとんど外出せず、身体を動かさないため、
　　　　　　　極度の肥満です。好きな物ばかりをたくさん買って食べ、日中はたい
　　　　　　　てい自宅でテレビを見ています。

〈財産の状況〉　収入は障害基礎年金のみで、月額約7万円を受給しています。両
　　　　　　　親の遺産で、800万円程度の預貯金があります。

〈その他〉　同居していた両親を1年前に相次いで亡くしました。きょうだいはい
　　　　　　ません。

```
後見人の課題
```

　両親の死後、市長申立てにより、肇さんに市民後見人が選任されました。

　肇さんの健康状態が心配ですが、健康診断を受けるように促しても、医者嫌い
のため、絶対に受けようとしません。いつも閉めきった部屋でテレビばかり見て
います。

　また、成年後見人は、選任されたときに、肇さんとの信頼関係を築くため、携
帯電話の番号を教えました。ともに過ごす時間をつくった結果、親しみをもって
もらえるようになったのはよいのですが、昼夜を問わず、頻繁に電話をかけてく
るようになりました。

　あなたが肇さんの成年後見人であったとしたら、どのような対策をとりますか。

演習課題8　グループホーム生活が嫌だという訴え

本人の状況

〈本人〉　二郎さん（78歳、男性）

〈居所〉　認知症高齢者向けグループホーム

〈心身の状況〉　要介護2。軽度の知的障害があります。最近、足腰が弱くなって
きましたが、自力歩行は可能です（すり足）。誰とでも親しくなれる優
しさ（特技）があります。

〈財産の状況〉　収入として、障害基礎年金が月額約7万円あります。また、亡父
から相続した預貯金が約700万円あります。

〈その他〉　結婚歴はなく、子どももいません。兄と弟が年に数回、訪問していま
すが、積極的な関与は望めない状況です。

後見人の課題

　二郎さんが単身でアパート生活をしていた頃、友人と称する人が二郎さんを訪
ねては、数万～十数万円単位でお金を持ち出されるという事件がたびたびありま
した。二郎さんはお金に関心がなく、管理も難しい様子です。

　心配した兄が、二郎さんと友人たちとの関係を断つために、各関係機関と連携
し、2カ月前にグループホームに入居することができました。

　その後、兄が申立人となって申立てがされた結果、後見が開始され、市民後見
人が選任されました。

　先月、市民後見人が二郎さんと初めて面会したとき、二郎さんは、「きれいで
気持ちがよい」、「仲間ができた」、「食事もまあまあ」などと、新しい環境にも慣
れて楽しそうな様子でした。

　ところが、今週の面会では、「ここはイヤだ」という訴えがありました。自宅
では新聞を購読していて読むのを楽しみにしていたけれど、今はホームの新聞を
入居者で順番に読んでいること、1日に3～4回コーヒーを飲んでいたのに、こ
こでは午後3時のみと決められていることなどが不満なようです。

　あなたが二郎さんの成年後見人であったとしたら、どのように対応しますか。

演習課題9　新聞の購読やお酒の注文

本人の状況

〈本人〉　道夫さん（86歳、男性）

〈居所〉　自宅で独居

〈心身の状況〉　要介護3。数年前に脳梗塞で倒れ、右半身が不自由な状態です。

〈財産の状況〉　300万円の預貯金があるほか、老齢厚生年金を受給していて、毎月の収支は2万円弱の黒字です。

〈その他〉　40年以上前に離婚しており、子どもはいますが、疎遠です。

後見人の課題

　道夫さんは、離婚した後、独居生活を送っています。息子が1人いて、申立てについては協力してくれましたが、あとはかかわりを拒絶し、日頃の交流は一切ありません。

　1週間に3日ヘルパーが入り、食事、掃除、洗濯、買物等の介護サービスを受けています。

　また、1週間に1回デイサービスに通い、そこで入浴しています。

　道夫さんは、新聞の購読をすすめられるままに契約してしまい、今は3紙を購読しています。部屋中に折込みチラシが広げられていますが、新聞自体は片隅に積み重ねられています。

　また、コンビニやスーパーに電話して、自分では飲まないのにビールや焼酎を注文し、近所の人にあげているようです。

　あなたが道夫さんの成年後見人であったとしたら、このような新聞購読やお酒の注文について、どのように考えますか。また、保佐人あるいは補助人であった場合には、どうでしょうか。

第4章

演習課題10　疎遠な息子からの金銭の要求

本人の状況

〈本人〉　竹子さん（85歳、女性）

〈居所〉　持家で独居

〈心身の状況〉　要介護2。訪問介護および通所介護を利用しています。社交的な性格です。

〈財産の状況〉　月額12万円程度の老齢厚生年金を受給しています。約500万円の預貯金と自宅があります。

〈その他〉　竹子さんは、昨年、夫が亡くなって以降、預金通帳をしまい込んでは再発行手続をするということを繰り返し、自分で財産管理をすることはできない状態になりました。成年後見制度の利用が必要と判断した市の職員が、離婚した前夫との間にいる3人の子どもに連絡をしましたが、回答がなかったため、市長申立てに至りました。後見開始の審判がなされ、市民後見人が選任されました。

後見人の課題

　ある日、竹子さんから成年後見人に対して、「20万円を持ってきてほしい」という連絡がありました。どうしたことかと思って竹子さん宅に向かい、話を聞いたところ、疎遠だった竹子さんの息子が急に会いにきてお金を貸してほしいと言われた、というのです。竹子さんも、息子が来たので、うれしくて承諾したということでした。

　あなたが成年後見人であったとしたら、どのように対応しますか。

演習課題11　知人との遠出

本人の状況

〈本人〉　幸子さん（75歳、女性）

〈居所〉　有料老人ホーム

〈心身の状況〉　要介護2。7年前に夫とともに有料老人ホームに入居しました。ホーム内のサークル活動にも積極的に参加する社交家でしたが、1年前に夫が死亡した頃から認知症が急に進行しました。最近では、日中は個室内で過ごし、出歩くことはほとんどありません。ただ、杖があれば、ある程度の距離を歩くことはできます。

〈財産の状況〉　月額25万円の年金を受給しています。支出は、施設利用料と生活費で1カ月あたり約20万円です。約600万円の預貯金があります。

〈その他〉　夫に先立たれ、子どももいません。推定相続人となる甥・姪はいますが、亡夫の葬儀の後は交流もほとんどありません。亡夫の幼な馴染みである大木夫妻とは、長年、家族ぐるみで親交があり、彼らの訪問をいつも楽しみにしています。

後見人の課題

　夫の死後、関与する親族がないことを心配した老人ホームの働きかけで市長申立てが行われ、市民後見人が選任されました。

　大木夫妻から、成年後見人に対し、「幸子さんといっしょに亡き夫の故郷へ墓参りに行きたいので、その費用を出してほしい」という申出がありました。亡夫の故郷へ行くには日帰りでは難しいということで、温泉旅館で1泊する予定であり、予算は総額で20万円程度とのことでした。

　幸子さんに尋ねてみると、「夫の墓参りにはぜひ行きたい。大木夫妻との遠出もとても楽しみにしている」という答えが返ってきました。幸子さんは、成年後見人よりも、付き合いの長い大木夫妻のことを頼りにしている様子です。

　あなたが幸子さんの成年後見人であったとしたら、どのように対処しますか。

演習課題12　配偶者の死亡と相続手続への関与

本人の状況

〈本人〉　三郎さん（90歳、男性）

〈居所〉　妻の花子さんと2人でケアハウスに入所しています。

〈心身の状況〉　認知症は進んでいますが、足腰は元気です。他の入居者とも仲よ
　　　　　　　く過ごしています。

〈財産の状況〉　三郎さんには、約500万円の預貯金があります。花子さんには、
　　　　　　　約300万円の預貯金があります。

〈その他〉　三郎さん夫婦に子どもはいません。花子さんの財産は、実質的に姪（三
　　　　　郎さんの弟の長女）が管理しています。

後見人の課題

　三郎さんと妻の花子さんは、ともにケアハウスに入所していました。

　入所時から、夫婦の財産管理については、親しくしていた姪が任されていまし
たが、三郎さんの定期預金を解約しようとした際に、銀行から「成年後見人が必
要です」と言われて、姪が申立てを行い、市民後見人が選任されました。

　先日、花子さんが亡くなりました。花子さんのきょうだいなど親族関係はよく
わかっていません。

　あなたが三郎さんの成年後見人であったら、どのように三郎さんへの相続手続
を進めますか。

演習課題13　お布施の支払い

本人の状況

〈本人〉　松子さん（80歳、女性）

〈居所〉　持家で独居

〈心身の状況〉　要介護2。認知症の症状は多少あるものの、活発で、近所付き合いも多く、不自由なく生活しています。

〈財産の状況〉　毎月15万円程度の遺族年金を受給しています。その他の資産としては、自宅と200万円程度の預貯金があります。

〈その他〉　夫は6年前に死亡しています。子どもはなく、夫の弟が松子さんを心配して申立てに至りました。

後見人の課題

　亡夫は由緒ある家系の長男で、市内の菩提寺には先祖代々の立派な墓石があります。夫が亡くなった後は、亡夫の弟が墓の管理をしています。

　亡夫の七回忌の前、義理の弟から成年後見人に、「お寺へのお布施はいつも20万円を渡しているので、用意してほしい」と連絡が入りました。法事には松子さんも出席します。

　あなたが松子さんの成年後見人であったとしたら、どのように対応しますか。

演習課題14　後見人が勤務している施設への本人の入所

本人の状況

〈本人〉　光吉さん（88歳男性）

〈居所〉　特別養護老人ホーム

〈心身の状況〉　要介護4。2年ほど前に、A特別養護老人ホームへの入所と同時に、市長申立てにより後見が開始され、市民後見人が選任されました。光吉さんは、歩くことはできませんが、食事は介助の手があれば固形物を食べることもでき、日常会話も可能です。

〈財産の状況〉　老齢厚生年金を受給しており、施設利用料については十分に賄うことができます。

〈その他〉　身寄りはいません。

後見人の課題

　成年後見人は、光吉さんの入所先とは別の社会福祉法人で、事務員として働いています。

　光吉さんが現在入所している施設は、従来型の多床室であるためか、職員はいつも忙しそうで、十分な説明を聞くこともできません。また、臭いがひどく、車いすからずり落ちそうになったままの入居者もいて、成年後見人はこの施設に対して不満を感じていました。

　このたび、成年後見人の勤務している法人が経営するB特別養護老人ホームで、空室が出ることがわかりました。ユニット型の個室タイプなので入居費用は上がりますが、光吉さんの受給している年金額で賄うことは可能です。成年後見人としては、Aホームを退所して、施設内行事も多くて活気があり、清潔なBホームへ入所する手続をとりたいと考えています。

　あなたが光吉さんの成年後見人であったら、どのように対応するでしょうか。

演習課題15　胃ろうの同意を求められて

本人の状況

〈本人〉　トクさん（82歳、女性）

〈居所〉　特別養護老人ホーム

〈心身の状況〉　要介護5。かつては会話も活発でしたが、今ではほとんどベッド
に横になっているだけで、言葉を発することも少なくなっています。

〈財産の状況〉　老齢厚生年金を受給していて、収支は安定しています。

〈その他〉　長年、地元の商店に勤めていました。老人会に参加するなど楽しく老
後を送っていましたが、もの忘れが出てきたため、近所の人が行政に
相談して、遠方に住んでいる甥が申立人となり、後見が開始され、市
民後見人が選任されました。

後見人の課題

　トクさんは、市民後見人が選任された後も、近所の人の支援を受けて在宅生活
を送っていましたが、2年ほど経った頃に、地元の特別養護老人ホームへ入所し
ました。

　先日、肺炎になって入院したところ、医師から、「食べ物を飲み込む力が衰え
ており、このままでは十分な栄養をとることが難しいため、胃ろうを造設しては
どうか」と提案され、その同意を求められました。甥には入院したときに連絡を
しましたが、「仕事で忙しく病院には行けないため、すべてお任せする」と言わ
れています。

　あなたがトクさんの成年後見人であったとしたら、どのように対応しますか。

演習課題16　本人が死亡した場合の事務

本人の状況

〈本人〉　珠江さん（80歳、女性）

〈居所〉　療養型病床（医療型）入院中

〈心身の状況〉　要介護5。認知症。

〈財産の状況〉　預金500万円。本人の障害基礎年金1級と亡夫の遺族厚生年金の併給で、入院費は賄うことができています。

〈その他〉　夫は1年前に死亡しています。息子が1人おり、身体障害者施設に入所していて、運動機能に重度の障害がありますが、判断能力に問題はありません。

後見人の課題

　珠江さんは、アパートで夫と生活をしてきましたが、介護者であった夫が1年前に死亡しました。珠江さんは要介護5で、夫の死亡により介護者が不在となったため、市の高齢介護課職員の協力で、翌日から入院となりました。

　夫の預貯金を珠江さんの生活に活用するため、また、いずれは病院から特別養護老人ホームなどへ入所するには、珠江さんに成年後見人が必要なため、市長申立てがなされ、市民後見人が選任されました。

　後見人は、長男と協力して預金の解約や年金の手続を行いました。しかし、特別養護老人ホームへの入所がかなわないまま、就任後4カ月して誤嚥性肺炎により急死してしまいました。

　成年後見人は、珠江さんの死亡によりどのようなことをしなければならないでしょうか。

演習課題17　本人からのお誘い

| 本人の状況 |

<本人>　正子さん（75歳、女性）

<居所>　サービス付き高齢者向け住宅

<心身の状況>　要介護3。認知症の症状として、短期記憶力が衰えて何度も同じ話を繰り返しますが、元来、話し好きで明るい性格です。杖をついてゆっくり歩行でき、食事の介助は必要ありません。

<財産の状況>　老齢厚生年金を受給しており、賃料や介護サービス等の諸費用を支払っても収支には余裕があります。500万円程度の預貯金もあります。

<その他>　外出するのが好きで、時々、常駐のヘルパーに付き添ってもらい、買物や外食を楽しんでいます。

| 後見人の課題 |

　正子さんは、成年後見人の訪問を心待ちにしていました。

　ある日、正子さんを訪問すると、成年後見人が来るのを待ちかまえていたように「近くに寿司屋が開店したので食べにいきたい」と言われました。正子さんは寿司が大好物です。あいにくその日は、常駐のヘルパーの手が空いていません。

　あなたが正子さんの成年後見人であったら、どのように対応しますか。

　また、正子さんが誕生日プレゼントや中元・歳暮を送ってきた場合、どのように対応しますか。

演習課題18　病院受診の同行

本人の状況

＜本人＞　一郎さん（75歳、男性）

＜居所＞　介護老人保健施設

＜心身の状況＞　要介護3。転倒して脚を骨折しましたが、室内では歩行器を利用して歩行できます。現在は、中度の認知症であり、自分ではほとんど家事をしたことがないので、奥さんが亡くなってから施設入所をすることになりました。

＜財産の状況＞　老齢基礎年金7万円を受給しており、施設利用料を支払うと、月々の収支はほぼプラスマイナス0です。

＜その他＞　子どもはおらず、亡兄の子ども（甥）が1人、遠方に在住しています。

後見人の課題

　一郎さんは目の調子が悪くなり、本人のかかりつけであった眼科で受診することを本人が希望しています。ところが、施設からは、「その眼科に連れていくことはできないので、成年後見人のほうで連れていってください」と言われました。

　そこで、成年後見人が自分の車に本人を乗せて、その眼科に連れていきました。診察後、施設へ一郎さんを送り届けたところ、一郎さんが「お礼として受け取ってほしい」と言って、5000円を財布から取り出しました。

　あなたが一郎さんの成年後見人であったとしたら、どのように対応しますか。

第３版あとがき

　市民後見人の育成については、これまでは先進的な市町村が取り組んできたという感じが否めませんでした。また、最高裁判所事務総局家庭局が毎年公表している「成年後見関係事件の概況」において、成年後見人等の選任数のデータとして「市民後見人」という言葉が初めて登場したのは平成23年でしたが、その後の選任数の伸びは鈍いものがありました。

　しかし、平成28年５月に「成年後見制度の利用の促進に関する法律」が施行されてから、全国各地における成年後見制度に関する取組みは、明らかに進み始めています。そして、国の成年後見制度利用促進基本計画では、市民後見人については、その育成だけでなく、地域連携ネットワークの中でその活用・支援体制も含めて取り組むことが求められています。地域福祉における社会資源として、市民後見人に対する期待はますます高まっていくとともに、市民後見人となられた方々が安心して活動できる環境が構築されていくものと思います。

　支援を必要としているご本人には、表情を失っている方々もいます。後見人として活動していく中で、ご本人の表情に変化が生まれ、そこに笑顔を発見したとき、私たち自身も笑顔になります。市民後見人の皆様には、市民後見人としての特性を活かしご本人に寄り添い、多くの笑顔をつくっていただくことを期待します。

　本書は、市民後見人育成のためのテキストとして、専門職後見人として豊富な実務経験を蓄積してきた本法人が総力をあげて編集したものであり、実際に市民後見人としての活動を始めた方々にも座右の書として活用していただいております。そして、市民後見人の皆さまとともに、本書もまた成長を続けていかなければならないと考えております。

　編集に際しては、各界の第一線でご活躍され、これまで私たちに多くの知識や助言をくださった方々に多大なお力添えをいただきました。今回第３版の改訂にあたっても、お忙しい中、重ねてご協力を賜りました関係機関の皆さま並びに執筆者の皆さまに深く御礼申し上げます。

**　公益社団法人成年後見センター・リーガルサポート出版委員会委員長　山竹　葉子**

事項索引

〔編者所在地〕

公益社団法人　成年後見センター・リーガルサポート

〒160-0003　新宿区四谷本塩町4番地37号　司法書士会館

電話　03-3359-0541

http://www.legal-support.or.jp/

市民後見人養成講座　第3巻〔第3版〕
　市民後見人の実務

令和2年7月15日　第1刷発行

令和5年10月6日　第2刷発行

定価　本体1,800円＋税

編　　　者　公益社団法人　成年後見センター・リーガルサポート
発　　　行　株式会社　民事法研究会
印　　　刷　文唱堂印刷株式会社

発 行 所　株式会社　民事法研究会
　　　　　〒150-0013　東京都渋谷区恵比寿3-7-16
　　　　　〔営業〕TEL 03(5798)7257　FAX 03(5798)7258
　　　　　〔編集〕TEL 03(5798)7277　FAX 03(5798)7278
　　　　　http://www.minjiho.com/　info@minjiho.com

落丁・乱丁はおとりかえします。ISBN978-4-86556-365-8 C2036 ¥1800E
カバーデザイン・関野美香